L'École des femmes

ÉTONNANTS • CLASSIQUES

MOLIÈRE

L'École des femmes

Présentation, notes, chronologie, glossaire et dossier par
THIERRY CORBEAU,
professeur de lettres

GF Flammarion

Le théâtre
dans la même collection

CARRIÈRE (Jean-Claude), *La Controverse de Valladolid*
CORNEILLE, *Le Cid*
GRUMBERG (Jean-Claude), *L'Atelier*
HUGO, *Ruy Blas*
Le roi s'amuse
JARRY, *Ubu roi*
La Farce de maître Pathelin
La Farce du Cuvier et autres farces du Moyen Âge
LABICHE, *Un chapeau de paille d'Italie*
MOLIÈRE, *L'Avare*
L'École des femmes
Les Femmes savantes
Les Fourberies de Scapin
George Dandin
Le Malade imaginaire
Le Médecin malgré lui
Le Médecin volant. La Jalousie du Barbouillé
Les Précieuses ridicules
MUSSET, *Il faut qu'une porte soit ouverte ou fermée. Un Caprice*
On ne badine pas avec l'amour
PIRANDELLO, *Six Personnages en quête d'auteur*
ROSTAND, *Cyrano de Bergerac*
SHAKESPEARE, *Macbeth*
Roméo et Juliette
TCHÉKHOV, *La Mouette*
Une demande en mariage et autres pièces en un acte

Édition revue, 2007.
ISBN : 978-2-0812-0604-5
ISSN : 1269-8822

SOMMAIRE

L'ESCOLE DES FEMMES.

COMEDIE.

Par I. B. P. MOLIERE.

A PARIS,
Chez LOVIS BILLAINE, au second Pilier
de la grand' Salle du Palais, à la Palme,
& au Grand Cesar.

M. DC. LXIII.
Auec Priuilege du Roy.

PRÉSENTATION

Mardi 26 décembre 1662 : première représentation de la nouvelle comédie de Molière, *L'École des femmes*, au théâtre du Palais-Royal ! Depuis quelques jours, des affiches placardées aux carrefours annoncent l'événement... Un événement ? Que suggère donc le nom de Molière aux spectateurs de l'époque ? Qu'espèrent-ils voir en se rendant à la comédie ? Quelles réactions peuvent-ils avoir ?

Une représentation théâtrale au XVIIe siècle

Les salles

À Paris, les salles de théâtre sont peu nombreuses. Elles sont au nombre de trois : l'hôtel de Bourgogne, où se joue la tragédie et qui a comme auteur fétiche Corneille, puis Racine ; la salle du Marais, consacrée aux spectacles fastueux avec effets spéciaux ; le Palais-Royal, salle la plus récente, occupée par Molière et célèbre pour ses représentations de comédies. Ces différents théâtres ont des jours de représentation imposés, les jours « ordinaires » : le mardi, le vendredi et le dimanche. Toutefois, ils peuvent jouer les autres jours, qui sont alors désignés comme étant « extraordinaires » et où les places voient leurs prix doubler.

Les spectateurs

On se rend au théâtre en « matinée », c'est-à-dire en fin d'après-midi ou en début de soirée. Les spectateurs constituent une foule hétéroclite : « honnêtes gens », qui ont leurs accès à la cour, riches commerçants du quartier des Halles, étudiants ou encore valets. Ils sont souvent indisciplinés, bavards, jouent aux cartes, crient, se déplacent et n'hésitent pas à manifester leur mécontentement par des sifflets ou des injures, au point que parfois les acteurs doivent se retirer de la scène. Certains viennent pour se distraire, d'autres pour se faire voir – c'est le cas des personnes à la mode, des jeunes précieuses ou des petits marquis enrubannés –, d'autres encore pour tout autre chose, comme les voleurs à la tire ou les prostituées...

Les acteurs

Les acteurs sont revêtus de costumes à la mode, le plus souvent offerts par les protecteurs de la troupe, des costumes qui participent à la magnificence du spectacle, mais pas du tout à sa vraisemblance, telle que nous pourrions l'envisager aujourd'hui : la question du réalisme n'est pas à l'ordre du jour... de même que n'est pas à l'ordre du jour la diction naturelle. C'est une des particularités de la troupe de Molière que de chercher à mettre en accord le texte, le personnage et la voix. Ailleurs, on déclame et l'on peut très bien énoncer sa douleur dans la plus totale indifférence ou avec un large sourire...

La représentation

Les conditions de représentation sont fort médiocres. D'une part, la salle est mal éclairée et souvent enfumée : la lumière provient de chandelles qu'il s'agit de changer régulièrement, à la fin de chaque acte. D'autre part, la scène est exiguë et encombrée, car, de chaque côté, se trouvent installés des spectateurs, qui, désireux de s'exhiber, ont payé très cher pour être là. Enfin, le rideau, levé en début de spectacle, ne descend pas lors des entractes, ce qui favorise le maintien d'un décor unique, souvent représenté par une toile peinte.

Mais les trois coups retentissent et Molière va entrer en scène…

Qui est Molière ?

Vérité et légendes

La question est simple en apparence, mais la réponse ne l'est guère… En effet, nous ne possédons que très peu de documents officiels sur la vie de Molière. À peine savons-nous quand il est né, le seul texte attestant de sa naissance étant son acte de baptême… En outre, nous ne possédons aucun manuscrit de sa main, si ce n'est quelques signatures en bas d'actes notariés. En revanche, les légendes sur Molière sont nombreuses, déjà colportées de son vivant. Ainsi sont associées à son nom l'image du fils révolté, qui s'est opposé au choix paternel en refusant la charge honorifique de tapissier du roi pour suivre l'appel des planches ; celle du comédien itinérant qui va de place en place ; celle du mari mal marié qui aurait recherché à retranscrire dans ses œuvres ses déboires amoureux avec sa jeune épouse, de vingt ans sa cadette ; celle de l'homme enfin qui a tout consacré au théâtre au point de mimer la mort sur scène, alors qu'il est déjà en train d'agoniser.

Quelques certitudes demeurent cependant. Molière est d'abord un directeur de troupe. Il doit gérer à la fois le choix des spectacles et les problèmes matériels – obtention d'une salle, répartition des recettes, etc. –, trouver de nouveaux talents – comme Racine qu'il découvre en 1664 –, sélectionner les textes, répartir les rôles. Pendant l'essentiel de sa carrière, ses choix sont heureux et la troupe prospère. C'est pourquoi les acteurs s'attachent à lui et lui sont fidèles jusqu'à la fin.

Dramaturge, metteur en scène et acteur

Si la troupe obtient un tel succès, c'est qu'elle interprète les œuvres de Molière lui-même.

En 1662, lorsque est créée *L'École des femmes*, Molière est encore au début de sa carrière, mais il a déjà derrière lui un certain nombre de pièces à succès, des farces ou de petites comédies comme *L'Étourdi*, *Les Précieuses ridicules* et *Sganarelle ou le Cocu imaginaire*. Après s'être essayé sans succès à la tragi-comédie avec *Don Garcie de Navarre* en 1661, il se spécialise dans la comédie, au point qu'il est bientôt assimilé par son ami Boileau à Térence, le plus célèbre auteur latin de comédies.

Molière est aussi metteur en scène. Il dirige le jeu de sa troupe, cherche, en particulier, à ce que les comédiens tirent parti de leur personnalité et surtout qu'ils mettent en accord les sentiments qu'ils doivent exprimer avec leur jeu corporel et leur voix : il prône le jeu naturel.

Enfin, pour porter ses pièces, Molière ne trouve rien de mieux que de les jouer lui-même. Il se révèle un comédien exceptionnel dans le registre comique – on dit de lui qu'il est le « premier farceur du royaume » – mais exécrable quand il s'agit de tragédie, ce qui explique que Racine ait fait représenter par d'autres ses premières pièces.

Molière en 1662

Grâce à son talent, Molière, en 1662, est parvenu à s'attirer les bonnes grâces de Monsieur, frère du roi, et de Madame, Henriette d'Angleterre, femme de Monsieur, à laquelle il dédie *L'École des femmes*. Mais c'est surtout Louis XIV lui-même qui lui accorde sa protection en lui permettant de jouer dans une salle parisienne, d'abord au Petit-Bourbon, situé derrière le Louvre, puis au Palais-Royal, dans un théâtre entièrement refait à neuf. Cette année voit aussi célébrer les noces de Molière avec une jeune fille de vingt ans sa cadette, Armande Béjart, fille de Madeleine Béjart, fondatrice de l'Illustre-Théâtre et ancienne maîtresse du dramaturge.

1662 : année de tous les bonheurs ? Au loin, l'orage gronde...

La querelle de *L'École des femmes*

À succès, succès et demi...

Les registres d'intendance de la troupe témoignent que *L'École des femmes* fut, dès la première représentation, un vrai succès. La pièce est jouée à maintes reprises en public ou lors de représentations privées au Louvre, devant le roi Louis XIV, chez Colbert ou le duc de Richelieu... Plus largement, elle devient l'une des comédies fétiches de Molière, qui n'hésite pas à la rejouer lorsqu'il n'a pas de nouvelles œuvres à sa disposition.

Toutefois, la réussite de *L'École des femmes* se perçoit aussi par la querelle qu'elle suscite. Celle-ci prend corps très tôt, dès le mois de février 1663, sous la forme d'une pièce intitulée *Zélinde ou la Véritable Critique de L'École des femmes*, œuvre de Donneau de Visé, jeune écrivain avide de scandale et de reconnaissance. D'autres pièces comme *Le Portrait du peintre* de Boursault ou *Le Panégyrique de L'École des femmes* de Robinet amplifient la querelle qui, au total, aura duré près d'un an.

Les dessous de la querelle

Les raisons à ce déchaînement de critiques sont multiples et de différentes natures.

D'abord, Molière, depuis *Les Précieuses ridicules*, s'est attiré un certain nombre d'ennemis comme les petits marquis et les fausses précieuses qui hantent les théâtres et contre lesquels il poursuit, quoique discrètement, ses attaques dans *L'École des femmes* (*cf.* v. 243-248, 652-653).

Ensuite, par cette pièce, le dramaturge monte contre lui deux auteurs de renom : Thomas Corneille, considéré comme un auteur de premier plan à l'époque, et son frère, Pierre Corneille, l'illustre auteur du *Cid*. Le premier voit en effet dans le goût ridicule d'Arnolphe pour les titres de noblesse une attaque personnelle : comme Arnolphe qui prétend se nommer M. de la Souche (I, 1), il se fait appeler Thomas Corneille de L'Isle. De son côté, l'illustre Corneille n'apprécie pas que Molière parodie un vers de sa tragédie *Sertorius*, à la fin de la scène 5 de l'acte II de *L'École des femmes*. Au lecteur-spectateur d'aujourd'hui, de telles références peuvent passer totalement inaperçues, mais ce n'était pas le cas à l'époque.

Plus largement, les innovations de Molière dans son art suscitent des réticences. Il innove d'abord dans le choix de son sujet : au lieu de se tourner vers les sujets à la mode, inspirés des comédies à l'espagnole, il retient les intrigues à l'italienne, qu'il a pu apprécier en observant travailler les Comédiens-Italiens et qu'il estime plus dynamiques. Molière renouvelle ensuite les ressorts dramatiques grâce à la création d'un nouveau type de personnage comique : le bourgeois ridicule, qu'il affuble de noms divers – Sganarelle ou Arnolphe. Il refuse donc de se soumettre de manière aveugle aux modes du temps, ce qui n'est pas pour plaire aux doctes et aux pédants. Ce faisant, il redonne à Paris le goût de la comédie qui, depuis quelques années, s'était enlisé dans le comique gras de la farce.

Molière enfin est un homme en vue, apprécié par le roi lui-même et, là encore, il suscite des jalousies, voire des craintes, car il cultive chez Louis XIV le goût du spectacle, ce que les dévots, soutenus par la reine mère, n'aiment guère.

À lui seul, Molière est donc parvenu à se mettre à dos le premier tragédien de France et un dramaturge de renom, les comédiens de la troupe du roi, la société des précieuses et des dévots, plus les beaux esprits et les petits marquis... C'est beaucoup !

Une querelle littéraire ?

À ces inimitiés personnelles viennent s'ajouter des critiques plus « littéraires ». On reproche à Molière d'avoir écrit une œuvre qui choque les bonnes mœurs, voire l'ordre établi. Pour soutenir ce point, les critiques s'appuient d'abord sur les mots familiers, comme « une tarte à la crème » (v. 99) ou « le potage » (v. 436), mais aussi sur certaines équivoques du texte (v. 461, 572).

On reproche aussi à Molière sa conception du rôle des femmes : on l'assimile à Arnolphe qui veut les tenir dans une totale ignorance et une entière dépendance.

Puis viennent les motifs d'ordre religieux. Les allusions aux « chaudières bouillantes » (v. 727) et aux « enfers » (v. 737) sont perçues comme contraires au dogme catholique, et la lecture des « Maximes » par Agnès (III, 2) est envisagée comme une parodie de la Bible, plus exactement du Décalogue. Il s'agit là d'une critique grave, car elle accuse indirectement Molière d'impiété, accusation qui peut conduire à l'époque en prison ou au bûcher... Elle témoigne en tout cas de l'hostilité d'un groupe puissant : les dévots.

Plus largement, c'est la pièce dans son ensemble et ses qualités artistiques qui sont mises en cause. On la dit mal construite, à cause du très grand nombre de récits, jugés inutiles, à cause du dénouement, perçu comme artificiel, et parce qu'elle ne respecte pas un certain nombre de règles. Molière enfreint la règle de la vraisemblance, puisque aucun des personnages principaux n'est cohérent : comment Arnolphe, personnage ridicule, peut-il être capable d'actions généreuses comme le don de sommes importantes (I, 4) ? Comment une niaise peut-elle se métamorphoser aussi rapidement au point de devenir une « raisonneuse » (v. 1546) ? Pourquoi Horace ne cherche-t-il pas à pousser plus loin ses avances à l'égard d'Agnès ?

La règle de l'unité de ton, selon les critiques de l'époque, n'est pas non plus respectée : l'auteur a délibérément mêlé les genres, la farce, avec la scène des valets (I, 2) ou celle du notaire (IV, 2) côtoyant la tragédie (les monologues d'Arnolphe). Quant à l'unité de lieu, elle est factice car il est peu vraisemblable que toute l'action se déroule sur une place publique, en particulier lorsqu'il s'agit des conversations privées entre Arnolphe et Chrysalde (I, 1 ; IV, 8) ou entre Arnolphe et Agnès (II, 5).

Mais les attaques les plus sordides de cette querelle resteront celles portées contre Molière lui-même. D'aucuns ont en effet établi un parallèle entre le couple fictif Agnès/Arnolphe et le couple réel Molière/Armande, puisque dans les deux cas il existe une grande différence d'âge entre l'homme et la femme : Molière a alors quarante ans et Arnolphe en a quarante-deux (v. 170) ; quant à Armande, elle est âgée de vingt ans et Agnès de dix-sept (v. 130 et v. 1031) ; en outre, Arnolphe adopte Agnès, alors qu'elle n'est qu'une fillette, et en tombe immédiatement amoureux (*cf.* v. 130), ce qui a contribué à donner de la consistance à la rumeur selon laquelle Armande était la fille de Molière et de Madeleine Béjart...

La riposte

Pour calmer les esprits, le 1er juin 1663, Molière fait représenter *La Critique de L'École des femmes*, comédie en un acte, qu'il dédie à la reine mère. L'auteur se sert comme porte-parole de trois « honnêtes gens », Uranie, Élise et Dorante, pour réexaminer chacune des critiques qui lui ont été faites et pour les contrecarrer. Ainsi, il prend le soin de montrer, en particulier dans la scène 6, que sa comédie ne transgresse en rien les règles du théâtre, ni dans l'ensemble ni dans le détail, et que les partis pris de l'action, comme la présence de récits, sont justifiés. En outre, il souligne que l'œuvre ne présente aucun caractère scandaleux, ni par rapport à la religion ni par rapport aux mœurs des femmes, du fait même que ces discours sont tenus par Arnolphe, personnage ridicule, auquel on ne peut prêter foi.

En octobre de la même année, Molière fait encore représenter *L'Impromptu de Versailles*. Il change de stratégie, et l'œuvre s'en prend cette fois-ci directement à ses détracteurs, aux comédiens de l'hôtel de Bourgogne, mais aussi à Donneau de Visé et Boursault. Il les attaque subtilement en les parodiant dans leur jeu ou dans leurs critiques, tout en réclamant qu'on laisse tranquille l'homme privé.

Une grande comédie

L'héritage de la farce

Par de nombreux aspects, *L'École des femmes* n'a rien d'une comédie régulière car elle peut être assimilée dans une certaine mesure à une farce, genre largement décrié par les théoriciens classiques. D'une part, le sujet retenu, celui du cocuage, parcourt l'ensemble des farces du Moyen Âge au XVIIe siècle ; d'autre part, de nombreux traits comiques propres à la farce se retrouvent dans *L'École des femmes*. Il s'agit, en particulier, du comique de gestes que véhiculent la bastonnade évoquée à la scène 1 de l'acte V, mais aussi les personnages de Georgette et d'Alain, soit sous la forme de bousculades (I, 2, v. 211-214), soit sous celle de coups qu'ils donnent ou qu'ils reçoivent (I, 2, v. 223-224). Peut se rattacher également à ce registre le comique de mots, perceptible dans certaines réponses naïves de Georgette (v. 228-230) ou mesquines d'Arnolphe (v. 1602), mais aussi dans les provincialismes d'Alain (« strodagème », v. 211) et dans le jargon du notaire (IV, 2). Enfin, dans une large mesure, le comique de répétition, issu principalement des quiproquos et des retournements de situations, relève de la farce. La pièce se fonde, en effet, sur un mécanisme très simple : Horace, amoureux d'Agnès, se confie sans le savoir à son rival, qui, cherchant à tirer parti de son avantage, ne parvient qu'à favoriser le mariage des deux amants...

Une comédie d'intrigue

Toutefois, *L'École des femmes* dépasse largement cette perspective. La pièce appartient au genre de la grande comédie d'intrigue, issue de la comédie latine et influencée par la comédie italienne et espagnole. Son organisation en est une première preuve : c'est une comédie en cinq actes et en vers, ce qui lui confère le statut d'œuvre importante et donc estimable.

Ensuite, Molière s'inspire d'un certain nombre de sources qui témoignent de sa grande culture : parmi les modèles français, c'est, par exemple, Scarron, avec *La Précaution inutile* (1655), qui fournit la trame de *L'École des femmes* ; l'œuvre comporte par ailleurs un certain nombre de références à Rabelais (I, 1, v. 117-122), et, on l'a vu, à Corneille.

Enfin, le dramaturge reprend un schéma classique de la comédie d'intrigue : deux amants dont les projets sont contrariés par un homme plus mûr voient leur amour triompher après une reconnaissance d'identité de la jeune fille.

Une comédie de caractère

L'œuvre se rattache plus largement encore à la comédie de caractère en créant deux personnages complexes, Arnolphe et Agnès.

Arnolphe ne peut se réduire au barbon inquiet de son image. Par bien des aspects, il peut être assimilé à un honnête homme : c'est un riche bourgeois – il possède, au moins, trois demeures, une « métairie » (v. 171) et deux maisons dans la ville où se déroule l'action (v. 143-146) – qui a su s'entourer d'intimes – comme le suggère la liste des personnages avec Chrysalde, « ami d'Arnolphe », et Oronte, « grand ami d'Arnolphe » – et qui, à l'occasion, peut se montrer très généreux (I, 4). De même, il n'est pas qu'un amoureux ridicule : à partir de l'acte IV, et surtout à l'acte V, il souffre, hanté par la douloureuse image d'une femme qu'il apprend à aimer et qui lui échappe. Toutefois, fondamentalement, c'est un être ridicule, obsédé par une idée fixe qui le place en contradiction avec lui-même : lui qui redoute plus que tout au monde de devenir cocu décide de se marier ! C'est cette incohérence que souligne sans cesse Chrysalde, double raisonneur et contrepoids comique d'Arnolphe, dans les deux scènes qui les confrontent (I, 1 et IV, 8). Cette complexité, voulue par Molière, a suscité de nombreuses interprétations divergentes. Selon les mises en scène, Arnolphe peut tout aussi bien apparaître comme un bouffon – ce qui correspond aux intentions de Molière qui l'interprétait ainsi – ou comme un personnage quasi tragique...

Quant à Agnès, son rôle dépasse largement le type de l'ingénue, et son personnage évolue considérablement en peu de scènes : elle passe de l'état de fillette candide, qui serait capable de demander au début de la pièce « si les enfants qu'on fait se faisaient par l'oreille » (v. 164), à celui de jeune femme volontaire qui ose se révolter contre son tuteur et affirmer à Arnolphe l'amour qu'elle porte à Horace (v. 1605-1606). Là encore, le personnage est particulièrement difficile à interpréter et, selon les époques, l'on a pu voir en Agnès une idiote fade ou une libertine rouée...

Ainsi, *L'École des femmes* est bien une œuvre capitale. Avec cette comédie fondée sur un équilibre fragile entre farce et grande comédie, Molière amorce un nouveau style qui rompt avec toutes les productions comiques antérieures. Mais surtout, avec Arnolphe, personnage du bourgeois ridicule, obsédé par une idée fixe et en contradiction avec lui-même, il annonce déjà tous les Alceste, les Harpagon ou les Argan à venir...

CHRONOLOGIE

1622 1673

- Repères historiques et culturels
- Vie et œuvre de l'auteur

Repères historiques et culturels

1617 Début du règne de Louis XIII, marié à Anne d'Autriche.

1621 Naissance de Jean de La Fontaine.

1622 Naissance de Blaise Pascal.

1629 Richelieu devient Premier ministre.

1631 Construction d'un petit château à Versailles, qui sert de relais de chasse à Louis XIII.

1634 Fondation du théâtre du Marais.

1635 Fondation de l'Académie française par Richelieu.

1637 Publication du *Discours de la méthode* de Descartes. *Le Cid*, tragi-comédie de Corneille.

1638 Naissance du futur Louis XIV.

1639 Naissance de Jean Racine.

1640 Arrivée à Paris de Tiberio Fiorilli, dit Scaramouche.

1642 Mort du cardinal de Richelieu. Mazarin devient Premier ministre.

1643 Mort de Louis XIII. Début de la régence d'Anne d'Autriche, mère du futur Louis XIV.

Vie et œuvre de l'auteur

1622 Naissance à Paris de Jean-Baptiste Poquelin, futur Molière, fils de Jean Poquelin (tapissier du roi) et de Marie Cressé.

1631 Achat de la charge de « tapissier ordinaire du roi » par le père de Molière.

1632 Mort de la mère de Molière.

1633 Sous l'impulsion de son grand-père maternel, Louis Cressé, Jean-Baptiste commence à fréquenter l'hôtel de Bourgogne où jouent les farceurs italiens.

1635 Entrée de Jean-Baptiste au collège de Clermont (actuel lycée Louis-le-Grand), tenu par les Jésuites.

1637 Molière fait le serment de reprendre la charge de « tapissier ordinaire du roi » de son père.

1640 Départ de Jean-Baptiste pour Orléans, où il poursuit des études de droit. De retour à Paris, il entre en relation avec Scaramouche et se lie avec une famille d'acteurs, les Béjart.

1642 Jean-Baptiste obtient sa licence de droit, mais décide de devenir comédien. Épris de Madeleine Béjart, il s'installe dans sa famille. Naissance d'Armande Béjart.

1643 Création de l'Illustre-Théâtre, troupe dirigée par Madeleine Béjart – débuts à Paris.

1644 Jean-Baptiste signe désormais du pseudonyme de Molière.

Repères historiques et culturels

1645 Naissance de Jean de La Bruyère.

1648 Début de la Fronde.

1650 Mort de René Descartes.

1653 Fin de la Fronde.

1654 Sacre de Louis XIV.

1659 Départ de la troupe des Italiens.

1660 Mariage de Louis XIV et de Marie-Thérèse d'Autriche, infante d'Espagne.

1661 Mort de Mazarin.
Début du règne personnel de Louis XIV.
Début des travaux de rénovation du château de Versailles par Le Vau et Le Nôtre.

1662 Mort de Blaise Pascal.
Sertorius de Corneille, dont Molière parodie un vers dans *L'École des femmes*.

Vie et œuvre de l'auteur

1645 Difficultés financières de l'Illustre-Théâtre. Molière est emprisonné pour dettes au Châtelet et la troupe est dispersée.

1646 Début des tournées en province.

1650 Molière prend la direction de la troupe.

1655 *L'Étourdi*, première comédie de Molière.

1656 *Le Dépit amoureux*.

1658 Molière et ses comédiens reviennent à Paris. La troupe, protégée par le frère du roi, devient la troupe de Monsieur, joue pour la première fois devant Louis XIV et s'installe à la salle du Petit-Bourbon, que Molière partage avec les Italiens.

1659 *Les Précieuses ridicules*, comédie où Molière envisage le thème de la condition féminine.

1660 *Sganarelle ou le Cocu imaginaire*, comédie qui met en scène un personnage angoissé par l'idée de devenir cocu. Démolition du Petit-Bourbon : Molière obtient du roi une autre salle : le Palais-Royal.

1661 *L'École des maris*, comédie où s'opposent deux types d'éducation des jeunes filles.

1662 Mariage de Molière avec Armande Béjart, sœur ou fille de Madeleine.
L'École des femmes.

1663 Début de la querelle de *L'École des femmes*. Réponse de Molière aux attaques par *La Critique de L'École des femmes* et *L'Impromptu de Versailles*.

Repères historiques et culturels

1664 Début des mouvements contre les théâtres, organisés par les dévots, en province.

1665 Alexandre de Racine, tragédie donnée initialement à la troupe de Molière et finalement jouée à l'hôtel de Bourgogne.
Colbert devient intendant des finances.

1666 Mort de la reine mère, Anne d'Autriche.

1668 Publication du premier recueil des *Fables* de La Fontaine.

1670 Représentations quasi simultanées de *Bérénice* de Racine et de *Tite et Bérénice* de Corneille. Racine sort vainqueur de la confrontation.

1672 La Cour s'installe à Versailles.

Vie et œuvre de l'auteur

1664 Naissance et mort du premier enfant de Molière.
Louis XIV accepte d'en être le parrain.
Première version de *Tartuffe*, interdite très rapidement.

1665 *Dom Juan*, comédie très rapidement retirée de l'affiche, sans raison officielle.
La troupe de Molière devient troupe du roi et reçoit une pension de 6 000 livres.

1666 *Le Misanthrope* et *Le Médecin malgré lui*, qui marque le retour de Molière à la farce.

1668 *Amphitryon*, *George Dandin*, *L'Avare*.

1670 *Le Bourgeois gentilhomme*, comédie-ballet.

1671 *Les Fourberies de Scapin*.

1672 Mort de Madeleine Béjart.
Les Femmes savantes, comédie de mœurs où Molière aborde, une fois de plus, le thème de la condition des femmes.

1673 *Le Malade imaginaire*, comédie-ballet.
Au cours de la quatrième représentation de la pièce (le 17 février), Molière est pris de violentes convulsions sur scène ; il meurt quelques heures plus tard.
Inhumation nocturne de Molière au cimetière Saint-Joseph.

L'École des femmes

Comédie

REPRÉSENTÉE POUR LA PREMIÈRE FOIS
À PARIS SUR LE THÉÂTRE DU PALAIS-ROYAL
LE 26 DÉCEMBRE 1662
PAR LA TROUPE DE MONSIEUR
FRÈRE UNIQUE DU ROI

■ Une salle de théâtre au XVIIe siècle.

Épître
À Madame [1]

Madame,

Je suis le plus embarrassé homme du monde, lorsqu'il me faut dédier un livre ; et je me trouve si peu fait au style d'épître dédicatoire [2], que je ne sais pas où sortir de celle-ci. Un autre auteur, qui serait en ma place, trouverait d'abord * [3] cent belles choses à dire de Votre Altesse Royale, sur ce titre de *L'École des femmes*, et l'offre qu'il vous en ferait. Mais, pour moi, Madame, je vous avoue mon faible [4]. Je ne sais point cet art de trouver des rapports entre des choses si peu proportionnées ; et, quelques belles lumières que mes confrères les auteurs me donnent tous les jours sur de pareils sujets, je ne vois point ce que Votre Altesse Royale pourrait avoir à démêler [5] avec la comédie que je lui présente. On n'est pas en peine, sans doute *, comment il faut faire pour vous louer. La matière, Madame, ne saute que trop aux yeux ; et, de quelque côté qu'on vous regarde, on rencontre gloire sur gloire *, et qualités sur qualités. Vous en avez, Madame, du côté du rang et de la naissance, qui vous font respecter de toute la terre. Vous en avez du côté des grâces, et de l'esprit et du corps,

1. ***Madame*** : il s'agit d'Henriette d'Angleterre, épouse de Monsieur, frère du roi Louis XIV et donc deuxième personne du pays.
2. ***Épître dédicatoire*** : lettre qui contient la dédicace d'un ouvrage littéraire et qui prend la forme d'un éloge. Il est traditionnel de dédier son œuvre à une personne influente pour se prémunir contre d'éventuelles attaques.
3. Les astérisques renvoient au glossaire en fin de volume.
4. ***Faible*** : faiblesse, incapacité.
5. ***Avoir à démêler*** : être en contestation, en querelle, en débat.

qui vous font admirer de toutes les personnes qui vous voient. Vous en avez du côté de l'âme, qui, si l'on ose parler ainsi, vous font aimer de tous ceux qui ont l'honneur d'approcher de vous : je veux dire [1] cette douceur pleine de charmes, dont vous daignez tempérer la fierté des grands titres que vous portez ; cette bonté tout obligeante, cette affabilité généreuse que vous faites paraître pour tout le monde ; et ce sont particulièrement ces dernières pour qui je suis, et dont je sens fort bien que je ne me pourrai taire quelque jour. Mais encore une fois, Madame, je ne sais point le biais de faire entrer ici des vérités si éclatantes ; et ce sont choses, à mon avis, et d'une trop vaste étendue et d'un mérite trop élevé, pour les vouloir renfermer dans une épître et les mêler avec des bagatelles. Tout bien considéré, Madame, je ne vois rien à faire ici pour moi que de vous dédier simplement ma comédie, et de vous assurer, avec tout le respect qu'il m'est possible, que je suis,

De VOTRE ALTESSE ROYALE,

MADAME,

Le très humble, très obéissant,
et très obligé serviteur,

J. B. MOLIÈRE.

1. *Dire* : parler de.

Préface [1]

Bien des gens ont frondé [2] d'abord * cette comédie [3] ; mais les rieurs ont été pour elle, et tout le mal qu'on en a pu dire, n'a pu faire qu'elle n'ait eu un succès dont je me contente [4].

Je sais qu'on attend de moi dans cette impression quelque préface qui réponde aux censeurs, et rende raison de mon ouvrage ; et sans doute * que je suis assez redevable à toutes les personnes qui lui ont donné leur approbation, pour me croire obligé de défendre leur jugement contre celui des autres, mais il se trouve qu'une grande partie des choses que j'aurais à dire sur ce sujet est déjà dans une dissertation que j'ai faite en dialogue, et dont je ne sais encore ce que je ferai [5].

---

1. Il s'agit de la préface à la première édition, achevée d'être imprimée le 17 mars 1663, soit environ trois mois après la première représentation de l'œuvre.

2. ***Frondé*** : attaqué.

3. Les adversaires de Molière furent nombreux. Parmi eux, il faut noter de jeunes auteurs, Donneau de Visé et Boursault, mais aussi Corneille et Montfleury, comédien rival de l'hôtel de Bourgogne.

4. Molière a, en effet, de quoi être satisfait, puisque la pièce eut, entre sa date de création et Pâques, trente-deux représentations – dont une honorée de la présence du roi – et rapporta entre 1 000 et 1 500 livres à chaque fois, chiffres importants pour l'époque.

5. Le dramaturge annonce de fait ici *La Critique de L'École des femmes*, comédie en un acte et en prose qui sera donnée pour la première fois au Palais-Royal, le 1er juin 1663.

L'idée de ce dialogue, ou, si l'on veut, de cette petite comédie, me vint après les deux ou trois premières représentations de ma pièce.

Je la dis, cette idée, dans une maison où je me trouvai un soir ; et d'abord une personne de qualité [1], dont l'esprit est assez connu dans le monde, et qui me fait l'honneur de m'aimer, trouva le projet assez à son gré, non seulement pour me solliciter d'y mettre la main, mais encore pour l'y mettre lui-même, et je fus étonné que, deux jours après, il me montra toute l'affaire exécutée d'une manière, à la vérité, beaucoup plus galante * et plus spirituelle que je ne puis faire, mais où je trouvai des choses trop avantageuses pour moi ; et j'eus peur que, si je produisais cet ouvrage sur notre théâtre, on ne m'accusât d'avoir mendié les louanges qu'on m'y donnait. Cependant cela m'empêcha, par quelque considération, d'achever ce que j'avais commencé. Mais tant de gens me pressent tous les jours de le faire, que je ne sais ce qui en sera ; et cette incertitude est cause que je ne mets point dans cette préface ce qu'on verra dans la *Critique*, en cas que je me résolve à la faire paraître. S'il faut que cela soit, je le dis encore, ce sera seulement pour venger le public du chagrin * délicat de certaines gens ; car, pour moi, je m'en tiens assez vengé par la réussite de ma comédie ; et je souhaite que toutes celles que je pourrai faire soient traitées par eux comme celle-ci, pourvu que le reste soit de même.

---

1. Il s'agit de l'abbé Du Buisson, homme d'esprit célèbre à l'époque.

■ Gravure de Chauveau illustrant l'édition de 1682 (BNF).

PERSONNAGES

ARNOLPHE, autrement M. de la Souche
AGNÈS, jeune fille innocente*, élevée par Arnolphe
HORACE, amant[1] d'Agnès
ALAIN, paysan, valet d'Arnolphe
GEORGETTE, paysanne, servante d'Arnolphe
CHRYSALDE, ami d'Arnolphe
ENRIQUE, beau-frère de Chrysalde
ORONTE, père d'Horace, et grand ami d'Arnolphe
Un notaire

La scène est dans une place de ville.

---

1. ***Amant*** : celui qui aime et est aimé.

Acte premier

Scène 1

CHRYSALDE, ARNOLPHE

CHRYSALDE

Vous venez, dites-vous, pour lui donner la main [1] ?

ARNOLPHE

Oui, je veux terminer la chose dans demain [2].

CHRYSALDE

Nous sommes ici seuls ; et l'on peut, ce me semble,
Sans craindre d'être ouïs, y discourir ensemble :
Voulez-vous qu'en ami je vous ouvre mon cœur ?
Votre dessein pour vous me fait trembler de peur ;
Et, de quelque façon que vous tourniez l'affaire,
Prendre femme est à vous un coup [3] bien téméraire.

---

1. ***Lui donner la main*** : l'épouser.
2. ***Dans demain*** : demain.
3. ***Coup*** : acte. Au XVIIe siècle, le terme n'a rien de familier.

ARNOLPHE

Il est vrai, notre ami[1]. Peut-être que chez vous
Vous trouvez des sujets de craindre pour chez nous ;
Et votre front, je crois, veut que du mariage
Les cornes[2] soient partout l'infaillible apanage[3].

CHRYSALDE

Ce sont coups de hasard, dont on n'est point garant[4],
Et bien sot, ce me semble, est le soin * qu'on en prend.
Mais quand je crains pour vous, c'est cette raillerie
Dont cent pauvres maris ont souffert * la furie[5] ;
Car enfin vous savez qu'il n'est grands ni petits[6]
Que de votre critique on ait vus garantis ;
Car vos plus grands plaisirs sont, partout où vous êtes,
De faire cent éclats des intrigues secrètes…

ARNOLPHE

Fort bien : Est-il au monde une autre ville aussi
Où l'on ait des maris si patients qu'ici ?
Est-ce qu'on n'en voit pas, de toutes les espèces,
Qui sont accommodés chez eux de toutes pièces[7] ?
L'un amasse du bien, dont sa femme fait part
À ceux qui prennent soin de le faire cornard[8] ;
L'autre un peu plus heureux, mais non pas moins infâme[9]
Voit faire tous les jours des présents à sa femme,
Et d'aucun soin * jaloux n'a l'esprit combattu,
Parce qu'elle lui dit que c'est pour sa vertu.

---

1. ***Notre ami*** : l'expression désigne Chrysalde de manière assez dédaigneuse.
2. ***Les cornes*** : symbole traditionnel du cocuage.
3. ***Apanage*** : privilège. Le mot est ici ironique.
4. ***Garant*** : responsable.
5. ***Furie*** : agitation violente.
6. ***Qu'il n'est grands ni petits*** : l'expression s'entend dans le domaine social.
7. ***Accommodés de toutes pièces*** : maltraités de tous côtés.
8. ***Cornard*** : cocu.
9. ***Infâme*** : déshonoré.

L'un fait beaucoup de bruit qui ne lui sert de guères [1] ;
L'autre en toute douceur laisse aller les affaires,
Et, voyant arriver chez lui le damoiseau *,
Prend fort honnêtement ses gants et son manteau.
L'une de son galant *, en adroite femelle,
Fait fausse confidence à son époux fidèle,
Qui dort en sûreté sur un pareil appas [2],
Et le plaint, ce galant *, des soins qu'il ne perd pas ;
L'autre, pour se purger de sa magnificence [3],
Dit qu'elle gagne au jeu l'argent qu'elle dépense ;
Et le mari benêt, sans songer à quel jeu,
Sur les gains qu'elle fait rend des grâces à Dieu.
Enfin, ce sont partout des sujets de satire ;
Et comme spectateur, ne puis-je pas en rire ?
Puis-je pas [4] de nos sots *... ?

CHRYSALDE

Oui ; mais qui rit d'autrui
Doit craindre qu'en revanche on rie aussi de lui.
J'entends parler le monde ; et des gens se délassent
À venir débiter les choses qui se passent ;
Mais, quoi que l'on divulgue aux endroits où je suis,
Jamais on ne m'a vu triompher de ces bruits.
J'y suis assez modeste [5] ; et, bien qu'aux occurrences [6]
Je puisse condamner certaines tolérances,
Que mon dessein ne soit de souffrir * nullement
Ce que d'aucuns [7] maris souffrent paisiblement,

---

1. ***Qui ne lui sert de guères*** : qui ne lui sert pas à grand-chose.
2. ***Appas*** : ruse, artifice.
3. ***Se purger de sa magnificence*** : se justifier de son faste.
4. ***Puis-je pas*** : ne puis-je pas. La suppression du « ne » est courante au XVIIe siècle (voir aussi les v. 272, 332, 1073, 1076, 1088, 1123, 1222).
5. ***Modeste*** : modéré.
6. ***Aux occurrences*** : à l'occasion.
7. ***D'aucuns*** : certains.

Pourtant je n'ai jamais affecté[1] de le dire ;
Car enfin il faut craindre un revers de satire,
Et l'on ne doit jamais jurer sur de tels cas
De ce qu'on pourra faire, ou bien ne faire pas.
Ainsi, quand à mon front, par un sort qui tout mène,
Il serait arrivé quelque disgrâce humaine,
Après mon procédé*, je suis presque certain
Qu'on se contentera de s'en rire sous main[2] ;
Et peut-être qu'encor j'aurai cet avantage,
Que quelques bonnes gens diront que c'est dommage ;
Mais de vous, cher compère[3], il en est autrement :
Je vous le dis encor, vous risquez diablement.
Comme sur les maris accusés de souffrance[4]
De tout temps votre langue a daubé[5] d'importance[6],
Qu'on vous a vu contre eux un diable déchaîné,
Vous devez marcher droit pour n'être point berné[7] ;
Et s'il faut que sur vous on ait la moindre prise,
Gare qu'aux carrefours on ne vous tympanise[8],
Et…

ARNOLPHE

Mon Dieu, notre ami, ne vous tourmentez point :
Bien huppé[9] qui pourra m'attraper sur ce point.
Je sais les tours rusés et les subtiles trames[10]
Dont pour nous en planter[11] savent user les femmes,

---

1. ***Affecté*** : aimé.
2. ***Rire sous main*** : rire en cachette.
3. ***Compère*** : terme familier à l'adresse de quelqu'un que l'on connaît bien.
4. ***Souffrance*** : complaisance.
5. ***Daubé*** : mal parlé. Le verbe est familier.
6. ***D'importance*** : beaucoup, fortement.
7. ***Berné*** : tourné en ridicule.
8. ***Tympanise*** : raille, décrie publiquement.
9. ***Huppé*** : malin.
10. ***Trames*** : intrigues.
11. ***Pour nous en planter*** : pour nous planter des cornes.

Et comme on est dupé par leurs dextérités [1]
Contre cet accident j'ai pris mes sûretés ;
Et celle que j'épouse a toute l'innocence *
Qui peut sauver mon front de maligne influence [2].

CHRYSALDE
Et que prétendez-vous qu'une sotte *, en un mot...

ARNOLPHE
Épouser une sotte * est pour n'être point sot *.
Je crois, en bon chrétien, votre moitié fort sage ;
Mais une femme habile * est un mauvais présage ;
Et je sais ce qu'il coûte à de certaines gens
Pour avoir pris les leurs avec trop de talents.
Moi, j'irais me charger d'une spirituelle [3]
Qui ne parlerait rien que cercle et que ruelle [4],
Qui de prose et de vers ferait de doux écrits,
Et que visiteraient marquis et beaux esprits,
Tandis que, sous le nom du mari de Madame,
Je serais comme un saint que pas un ne réclame ?
Non, non, je ne veux point d'un esprit qui soit haut ;
Et femme qui compose en sait plus qu'il ne faut.
Je prétends que la mienne, en clartés peu sublime [5],
Même ne sache pas ce que c'est qu'une rime ;
Et s'il faut qu'avec elle on joue au corbillon [6]
Et qu'on vienne à lui dire à son tour : « Qu'y met-on ? »
Je veux qu'elle réponde : « Une tarte à la crème » ;

---

1. ***Dextérités*** : tours habiles.
2. ***De maligne influence*** : d'un mauvais sort.
3. ***Une spirituelle*** : une femme d'esprit.
4. ***Cercle et ruelle*** : salons mondains et littéraires (la ruelle désignait l'espace entre le mur et le lit ; certaines dames tenaient salon dans leur chambre).
5. ***En clartés peu sublime*** : qui n'a pas beaucoup de connaissances.
6. ***Corbillon*** : panier de boulanger, qui a donné naissance à un jeu de société enfantine, où l'on doit répondre par un mot rimant en « -on » lorsqu'on demande « Corbillon, qu'y met-on ? ».

En un mot, qu'elle soit d'une ignorance extrême ;
Et c'est assez pour elle, à vous en bien parler[1],
De savoir prier Dieu, m'aimer, coudre et filer.

CHRYSALDE

Une femme stupide est donc votre marotte[2] ?

ARNOLPHE

Tant, que j'aimerais mieux une laide bien sotte *
Qu'une femme fort belle avec beaucoup d'esprit.

CHRYSALDE

L'esprit et la beauté...

ARNOLPHE

L'honnêteté* suffit.

CHRYSALDE

Mais comment voulez-vous, après tout, qu'une bête *
Puisse jamais savoir ce que c'est qu'être honnête * ?
Outre qu'il est assez ennuyeux, que je crois,
D'avoir toute sa vie une bête * avec soi,
Pensez-vous le bien prendre[3], et que sur votre idée
La sûreté d'un front puisse être bien fondée ?
Une femme d'esprit peut trahir son devoir ;
Mais il faut pour le moins qu'elle ose le vouloir ;
Et la stupide au sien peut manquer d'ordinaire[4],
Sans en avoir l'envie et sans penser le faire.

---

1. ***À vous en bien parler*** : pour tout vous dire.
2. ***Marotte*** : dada, idée favorite (terme familier).
3. ***Le bien prendre*** : envisager la situation comme il le faut.
4. ***D'ordinaire*** : le plus souvent.

■ Croquis de la plantation du décor de *L'École des femmes*, mise en scène de Valnay (1879).

ARNOLPHE

À ce bel argument, à ce discours profond,
Ce que [1] Pantagruel à Panurge répond [2] :
Pressez-moi de me joindre à femme autre que sotte *,
Prêchez, patrocinez [3] jusqu'à la Pentecôte ;
Vous serez ébahi, quand vous serez au bout,
Que vous ne m'aurez rien persuadé du tout.

CHRYSALDE

Je ne vous dis plus mot.

ARNOLPHE

Chacun a sa méthode,
En femme, comme en tout, je veux suivre ma mode.
Je me vois riche assez pour pouvoir, que je crois,
Choisir une moitié qui tienne tout de moi,
Et de qui la soumise et pleine dépendance
N'ait à me reprocher aucun bien ni naissance
Un air doux et posé, parmi d'autres enfants,
M'inspira de l'amour pour elle dès quatre ans ;
Sa mère se trouvant de pauvreté pressée,
De la lui demander il me vint en pensée ;
Et la bonne paysanne, apprenant mon désir,
À s'ôter cette charge eut beaucoup de plaisir.
Dans un petit couvent, loin de toute pratique [4],
Je la fis élever selon ma politique *,
C'est-à-dire ordonnant quels soins on emploierait
Pour la rendre idiote [5] autant qu'il se pourrait.

---

1. ***Ce que*** : je réponds ce que (ellipse de la proposition principale).
2. ***Ce que Pantagruel à Panurge répond*** : allusion à un passage du *Tiers Livre* de Rabelais où, à Panurge qui fait l'éloge des dettes, Pantagruel répond : « Mais preschez et patrocinez d'icy à la Pentecoste, en fin vous serez esbahy comment rien ne me aurez persuadé » (chap. V).
3. ***Prêchez, patrocinez*** : faites des sermons, plaidez.
4. ***Pratique*** : fréquentation.
5. ***Idiote*** : ignorante.

Dieu merci, le succès a suivi mon attente :
Et grande, je l'ai vue à tel point innocente*,
Que j'ai béni le ciel d'avoir trouvé mon fait*,
Pour me faire une femme au gré de mon souhait.
Je l'ai donc retirée ; et comme ma demeure
À cent sortes de gens est ouverte à toute heure,
Je l'ai mise à l'écart, comme il faut tout prévoir,
Dans cette autre maison où nul ne me vient voir ;
Et pour ne point gâter sa bonté naturelle,
Je n'y tiens [1] que des gens [2] tout aussi simples qu'elle.
Vous me direz : Pourquoi cette narration ?
C'est pour vous rendre instruit de ma précaution.
Le résultat de tout est qu'en ami fidèle
Ce soir je vous invite à souper* avec elle ;
Je veux que vous puissiez un peu l'examiner,
Et voir si de mon choix on me doit condamner.

CHRYSALDE

J'y consens.

ARNOLPHE

Vous pourrez, dans cette conférence,
Juger de sa personne et de son innocence*.

CHRYSALDE

Pour cet article-là, ce que vous m'avez dit
Ne peut…

ARNOLPHE

La vérité passe encor mon récit.
Dans ses simplicités [3] à tous coups je l'admire*,
Et parfois, elle en dit dont je pâme de rire.

---

1. ***Je n'y tiens*** : je n'y emploie.
2. ***Gens*** : domestiques.
3. ***Simplicités*** : naïvetés.

L'autre jour (pourrait-on se le persuader ?),
Elle était fort en peine, et me vint demander,
Avec une innocence* à nulle autre pareille,
Si les enfants qu'on fait se faisaient par l'oreille.

CHRYSALDE

Je me réjouis fort, seigneur Arnolphe…

ARNOLPHE

Bon !
Me voulez-vous toujours appeler de ce nom ?

CHRYSALDE

Ah ! malgré que j'en aie[1], il me vient à la bouche,
Et jamais je ne songe à Monsieur de la Souche.
Qui diable vous a fait aussi vous aviser,
À quarante et deux ans, de vous débaptiser,
Et d'un vieux tronc pourri de votre métairie[2]
Vous faire dans le monde un nom de seigneurie[3] ?

ARNOLPHE

Outre que la maison par ce nom se connaît,
La Souche plus qu'Arnolphe[4] à mes oreilles plaît.

CHRYSALDE

Quel abus de quitter le vrai nom de ses pères
Pour en vouloir prendre un bâti sur des chimères[5] !
De la plupart des gens c'est la démangeaison[6] ;

---

1. ***Malgré que j'en aie*** : en dépit de moi.
2. ***Métairie*** : domaine agricole dont les récoltes et les revenus sont partagés entre le propriétaire et le paysan qui l'exploite (le métayer).
3. ***De seigneurie*** : de domaine seigneurial, de possesseur noble.
4. ***La Souche plus qu'Arnolphe*** : il faut rappeler que depuis le Moyen Âge, saint Arnolphe est le patron des cocus…
5. ***Chimères*** : vaines imaginations.
6. ***Démangeaison*** : désir violent, envie. Le terme appartient à un registre de langue soutenu.

Et, sans vous embrasser dans la comparaison,
Je sais un paysan qu'on appelait Gros-Pierre,
Qui, n'ayant pour tout bien qu'un seul quartier de terre,
Y fit tout alentour faire un fossé bourbeux,
Et de monsieur de l'Isle [1] en prit le nom pompeux.

ARNOLPHE

Vous pourriez vous passer d'exemples de la sorte.
Mais enfin de la Souche est le nom que je porte :
J'y vois de la raison [2], j'y trouve des appas * ;
Et m'appeler de l'autre est ne m'obliger pas [3].

CHRYSALDE

Cependant la plupart ont peine à s'y soumettre,
Et je vois même encor des adresses de lettre...

ARNOLPHE

Je le souffre * aisément de qui n'est pas instruit ;
Mais vous...

CHRYSALDE

Soit : là-dessus nous n'aurons point de bruit [4].
Et je prendrai le soin d'accoutumer ma bouche
À ne plus vous nommer que Monsieur de la Souche.

ARNOLPHE

Adieu. Je frappe ici pour donner le bonjour,
Et dire seulement que je suis de retour.

CHRYSALDE, *s'en allant.*

Ma foi, je le tiens fou [5] de toutes les manières.

---

1. ***Monsieur de l'Isle*** : allusion claire à l'époque au frère de Pierre Corneille, Thomas, qui acheta un domaine et prit le nom de M. de l'Isle. Les deux frères furent sensibles à l'attaque sur leurs prétentions nobiliaires.
2. ***Raison*** : satisfaction.
3. ***Ne m'obliger pas*** : me déplaire.
4. ***Bruit*** : querelle.
5. ***Je le tiens fou*** : je le crois fou.

ARNOLPHE, *seul.*

Il est un peu blessé[1] sur certaines matières.
Chose étrange, de voir comme avec passion
Un chacun[2] est chaussé de[3] son opinion !
Holà !

Scène 2

ALAIN, GEORGETTE, ARNOLPHE

ALAIN

Qui heurte[4] ?

ARNOLPHE

Ouvrez. On aura, que je pense,
Grande joie à me voir après dix jours d'absence.

ALAIN

Qui va là ?

ARNOLPHE

Moi.

ALAIN

Georgette !

GEORGETTE

Hé bien ?

ALAIN

Ouvre là-bas.

---

1. ***Blessé*** : atteint au cerveau, fou.
2. ***Un chacun*** : n'importe qui.
3. ***Chaussé de*** : attaché à.
4. ***Heurte*** : frappe à la porte.

GEORGETTE

Vas-y, toi.

ALAIN

Vas-y, toi.

GEORGETTE

Ma foi, je n'irai pas.

ALAIN

Je n'irai pas aussi.

ARNOLPHE

Belle cérémonie,
Pour me laisser dehors ! Holà ho, je vous prie.

GEORGETTE

Qui frappe ?

ARNOLPHE

Votre maître.

GEORGETTE

Alain !

ALAIN

Quoi ?

GEORGETTE

C'est Monsieur.
Ouvre vite.

ALAIN

Ouvre, toi.

GEORGETTE

Je souffle notre feu.

ALAIN

J'empêche, peur du chat, que mon moineau ne sorte.

ARNOLPHE

Quiconque de vous deux n'ouvrira pas la porte
N'aura point à manger de plus de quatre jours.
Ha !

GEORGETTE

Par quelle raison y venir, quand j'y cours ?

ALAIN

Pourquoi plutôt que moi ? Le plaisant strodagème [1] !

GEORGETTE

Ôte-toi donc de là.

ALAIN

Non, ôte-toi, toi-même.

GEORGETTE

Je veux ouvrir la porte.

ALAIN

Et je veux l'ouvrir, moi.

GEORGETTE

Tu ne l'ouvriras pas.

ALAIN

Ni toi non plus.

GEORGETTE

Ni toi.

1. ***Strodagème*** : déformation du mot stratagème qu'Alain a mal assimilé, sans doute parce que le terme est trop savant pour lui.

ARNOLPHE

Il faut que j'aie ici l'âme bien patiente !

ALAIN

Au moins, c'est moi, Monsieur.

GEORGETTE

Je suis votre servante,
C'est moi.

ALAIN

Sans le respect de Monsieur que voilà,
Je te…

ARNOLPHE, *recevant un coup d'Alain.*

Peste !

ALAIN

Pardon.

ARNOLPHE

Voyez ce lourdaud-là !

ALAIN

C'est elle aussi, Monsieur…

ARNOLPHE

Que tous deux on se taise.
Songez à me répondre, et laissons la fadaise [1].
Hé bien, Alain, comment se porte-t-on ici ?

ALAIN

Monsieur, nous nous… Monsieur, nous nous por… Dieu merci,
Nous nous…

Arnolphe ôte par trois fois le chapeau de dessus la tête d'Alain.

1. ***Fadaise*** : discours inutile.

ARNOLPHE

Qui vous apprend, impertinente bête*,
À parler devant moi le chapeau sur la tête ?

ALAIN

Vous faites bien, j'ai tort.

ARNOLPHE, *à Alain.*

Faites descendre Agnès.

À Georgette.

Lorsque je m'en allai, fut-elle triste après ?

GEORGETTE

Triste ? Non.

ARNOLPHE

Non ?

GEORGETTE

Si fait*.

ARNOLPHE

Pourquoi donc... ?

GEORGETTE

Oui, je meure[1],
Elle vous croyait voir de retour à toute heure ;
Et nous n'oyions[2] jamais passer devant chez nous
Cheval, âne ou mulet, qu'elle ne prît pour vous.

1. ***Je meure*** : que je meure, sous-entendu, si je mens.
2. ***Nous n'oyions*** : nous n'entendions.

Scène 3

AGNÈS, ALAIN, GEORGETTE, ARNOLPHE

ARNOLPHE

La besogne[1] à la main ! C'est un bon témoignage.
Hé bien ! Agnès, je suis de retour du voyage :
En êtes-vous bien aise ?

AGNÈS

Oui, Monsieur, Dieu merci.

ARNOLPHE

Et moi, de vous revoir je suis bien aise aussi.
Vous vous êtes toujours, comme on voit, bien portée ?

AGNÈS

Hors les puces, qui m'ont la nuit inquiétée*.

ARNOLPHE

Ah ! vous aurez dans peu quelqu'un pour les chasser.

AGNÈS

Vous me ferez plaisir.

ARNOLPHE

Je le puis bien penser.
Que faites-vous donc là ?

AGNÈS

Je me fais des cornettes[2].
Vos chemises de nuit et vos coiffes[3] sont faites.

---

1. ***Besogne*** : ouvrage de couture.
2. ***Cornettes*** : bonnets de nuit pour les femmes.
3. ***Coiffes*** : bonnets de nuit.

ARNOLPHE

Ah ! voilà qui va bien. Allez, montez là-haut.
Ne vous ennuyez point, je reviendrai tantôt*,
Et je vous parlerai d'affaires importantes.

Tous étant rentrés.

Héroïnes du temps, Mesdames les savantes[1],
Pousseuses de tendresse et de beaux sentiments[2],
Je défie à la fois tous vos vers, vos romans,
Vos lettres, billets doux, toute votre science,
De valoir cette honnête* et pudique ignorance.

Scène 4

HORACE, ARNOLPHE

ARNOLPHE

Ce n'est point par le bien[3] qu'il faut être ébloui ;
Et pourvu que l'honneur* soit… Que vois-je ? Est-ce ?… Oui.
Je me trompe. Nenni[4]. Si fait*. Non, c'est lui-même.
Hor…

HORACE

Seigneur Ar…

ARNOLPHE

Horace !

1. ***Mesdames les savantes*** : Arnolphe vise ici les Précieuses, qui se piquent de bel esprit et de science.
2. ***Pousseuses de tendresse et de beaux sentiments*** : qui affectent de dire des choses recherchées et passionnées en matière de galanterie. L'expression appartient à la langue précieuse.
3. ***Bien*** : argent, fortune.
4. ***Nenni*** : non. Cette forme de négation est familière et tend à devenir archaïque.

HORACE

Arnolphe.

ARNOLPHE

Ah ! joie extrême !

Et depuis quand ici ?

HORACE

Depuis neuf jours.

ARNOLPHE

Vraiment ?

HORACE

Je fus d'abord * chez vous, mais inutilement.

ARNOLPHE

J'étais à la campagne.

HORACE

Oui, depuis deux journées.

ARNOLPHE

Oh ! comme les enfants croissent en peu d'années !
J'admire * de le voir au point où le voilà,
Après que je l'ai vu pas plus grand que cela.

HORACE

Vous voyez.

ARNOLPHE

Mais, de grâce, Oronte votre père,
Mon bon et cher ami, que j'estime et révère,
Que fait-il ? que dit-il ? est-il toujours gaillard [1] ?
À tout ce qui le touche, il sait que je prends part.
Nous ne nous sommes vus depuis quatre ans ensemble.

---

1. ***Gaillard*** : gai, vif, plein d'entrain, mais aussi plein de vie, de santé.

HORACE

Ni, qui plus est, écrit l'un à l'autre, me semble.
Il est, seigneur Arnolphe, encor plus gai que nous,
Et j'avais de sa part une lettre pour vous ;
Mais depuis, par une autre, il m'apprend sa venue,
Et la raison encor ne m'en est pas connue.
Savez-vous qui peut être un de vos citoyens [1]
Qui retourne en ces lieux avec beaucoup de biens
Qu'il s'est en quatorze ans acquis dans l'Amérique ?

ARNOLPHE

Non. Vous a-t-on point dit comme on le nomme ?

HORACE

Enrique.

ARNOLPHE

Non.

HORACE

Mon père m'en parle, et qu'il est revenu,
Comme s'il devait m'être entièrement connu,
Et m'écrit qu'en chemin ensemble ils se vont mettre
Pour un fait * important que ne dit point sa lettre.

ARNOLPHE

J'aurai certainement grande joie à le voir,
Et pour le régaler [2] je ferai mon pouvoir [3].

Après avoir lu la lettre.

Il faut pour des amis des lettres moins civiles [4],
Et tous ces compliments sont choses inutiles.

---

1. ***Citoyens*** : concitoyens, habitants de la ville.
2. ***Régaler*** : recevoir avec faste.
3. ***Mon pouvoir*** : mon possible.
4. ***Civiles*** : courtoises, polies.

Sans qu'il prît le souci de m'en écrire rien,
Vous pouvez librement disposer de mon bien.

HORACE

Je suis homme à saisir les gens par leurs paroles,
Et j'ai présentement besoin de cent pistoles [1].

ARNOLPHE

Ma foi, c'est m'obliger que d'en user ainsi,
Et je me réjouis de les avoir ici.
Gardez aussi la bourse.

HORACE

Il faut... [2]

ARNOLPHE

Laissons ce style [3].
Eh bien, comment encor trouvez-vous cette ville ?

HORACE

Nombreuse en citoyens, superbe en bâtiments ;
Et j'en crois merveilleux les divertissements.

ARNOLPHE

Chacun a ses plaisirs qu'il se fait à sa guise ;
Mais pour ceux que du nom de galants * on baptise,
Ils ont en ce pays de quoi se contenter [4],
Car les femmes y sont faites à coqueter [5].
On trouve d'humeur douce et la brune et la blonde,
Et les maris aussi les plus bénins [6] du monde ;

---

1. ***Pistoles***: monnaie d'or étrangère, espagnole ou italienne. La somme demandée par Horace est importante (de plusieurs milliers de francs actuels) et excède, par exemple, la recette d'une représentation de la pièce à ses débuts.
2. ***Il faut...*** : Horace est sur le point d'établir une reconnaissance de dette.
3. ***Ce style*** : cette façon d'agir.
4. ***Se contenter*** : satisfaire ses désirs.
5. ***Faites à coqueter*** : habituées à faire les coquettes.
6. ***Bénins*** : complaisants.

C'est un plaisir de prince, et des tours que je vois
Je me donne souvent la comédie à moi.
Peut-être en avez-vous déjà féru[1] quelqu'une.
Vous est-il point encore arrivé de fortune* ?
Les gens faits comme vous font plus que les écus,
Et vous êtes de taille à faire des cocus.

HORACE

À ne vous rien cacher de la vérité pure,
J'ai d'amour en ces lieux eu certaine aventure,
Et l'amitié m'oblige à vous en faire part.

ARNOLPHE

Bon ! voici de nouveau quelque conte gaillard[2] ;
Et ce sera de quoi mettre sur mes tablettes.

HORACE

Mais, de grâce, qu'au moins ces choses soient secrètes.

ARNOLPHE

Oh !

HORACE

Vous n'ignorez pas qu'en ces occasions
Un secret éventé rompt nos prétentions.
Je vous avouerai donc avec pleine franchise
Qu'ici d'une beauté mon âme s'est éprise.
Mes petits soins d'abord* ont eu tant de succès
Que je me suis chez elle ouvert un doux accès ;
Et sans trop me vanter, ni lui faire une injure,
Mes affaires y sont en fort bonne posture.

ARNOLPHE, *riant.*

Et c'est ?

---

1. ***Féru*** : blessé d'amour. Le mot est vieilli et relève du registre comique.
2. ***Gaillard*** : d'une gaieté un peu libre, égrillard.

HORACE, *lui montrant le logis d'Agnès.*

Un jeune objet* qui loge en ce logis
Dont vous voyez d'ici que les murs sont rougis [1] ;
Simple, à la vérité, par l'erreur sans seconde*
D'un homme qui la cache au commerce* du monde,
Mais qui, dans l'ignorance où l'on veut l'asservir,
Fait briller des attraits capables de ravir [2] ;
Un air tout engageant, je ne sais quoi de tendre,
Dont il n'est point de cœur qui se puisse défendre.
Mais peut-être il n'est pas que [3] vous n'ayez bien vu
Ce jeune astre d'amour, de tant d'attraits pourvu :
C'est Agnès qu'on l'appelle.

ARNOLPHE, *à part.*

Ah ! je crève !

HORACE

Pour l'homme,
C'est, je crois, de la Zousse, ou Source, qu'on le nomme :
Je ne me suis pas fort arrêté sur le nom ;
Riche, à ce qu'on m'a dit, mais des plus sensés, non ;
Et l'on m'en a parlé comme d'un ridicule.
Le connaissez-vous point ?

ARNOLPHE, *à part.*

La fâcheuse pilule [4] !

HORACE

Eh ! vous ne dites mot ?

ARNOLPHE

Eh ! oui, je le connois.

---

1. ***Rougis*** : soit avec des briques rouges, soit couverts de vigne grimpante, rouge à l'approche de l'automne.
2. ***Ravir*** : enchanter.
3. ***Il n'est pas que*** : il n'est pas possible que.
4. ***Pilule*** : chose désagréable, pénible à supporter.

HORACE

C'est un fou, n'est-ce pas ?

ARNOLPHE

Eh…

HORACE

Qu'en dites-vous ? quoi !

Eh ? c'est-à-dire, oui ? Jaloux à faire rire ?
Sot ? Je vois qu'il en est ce que l'on m'a pu dire.
Enfin l'aimable * Agnès a su m'assujettir [1].
C'est un joli bijou, pour ne vous point mentir ;
Et ce serait péché qu'une beauté si rare
Fût laissée au pouvoir de cet homme bizarre *.
Pour moi, tous mes efforts, tous mes vœux les plus doux
Vont à m'en rendre maître en dépit du jaloux ;
Et l'argent que de vous j'emprunte avec franchise [2]
N'est que pour mettre à bout cette juste entreprise.
Vous savez mieux que moi, quels que soient nos efforts,
Que l'argent est la clef de tous les grands ressorts,
Et que ce doux métal, qui frappe tant de têtes [3],
En amour, comme en guerre, avance [4] les conquêtes.
Vous me semblez chagrin * : serait-ce qu'en effet
Vous désapprouveriez le dessein que j'ai fait ?

ARNOLPHE

Non, c'est que je songeais…

HORACE

Cet entretien vous lasse :

Adieu. J'irai chez vous tantôt * vous rendre grâce [5].

---

1. ***M'assujettir*** : me ranger sous sa domination. L'expression appartient à la langue précieuse.
2. ***Avec franchise*** : en toute liberté.
3. ***Qui frappe tant de têtes*** : qui bouleverse tant d'esprits.
4. ***Avance*** : fait avancer.
5. ***Vous rendre grâce*** : vous remercier.

ARNOLPHE

Ah ! faut-il… !

HORACE, *revenant.*

Derechef[1], veuillez être discret,
Et n'allez pas, de grâce, éventer mon secret.

ARNOLPHE

Que je sens dans mon âme… !

HORACE, *revenant.*

Et surtout à mon père,
Qui s'en ferait peut-être un sujet de colère.

ARNOLPHE, *croyant qu'il revient encore.*

Oh !… Oh ! que j'ai souffert durant cet entretien !
Jamais trouble d'esprit ne fut égal au mien.
Avec quelle imprudence et quelle hâte extrême
Il m'est venu conter cette affaire à moi-même !
Bien que mon autre nom le tienne dans l'erreur,
Étourdi montra-t-il jamais tant de fureur[2] ?
Mais, ayant tant souffert, je devais[3] me contraindre
Jusques à m'éclaircir[4] de ce que je dois craindre,
À pousser jusqu'au bout son caquet indiscret,
Et savoir pleinement leur commerce* secret.
Tâchons à le rejoindre ; il n'est pas loin, je pense ;
Tirons-en de ce fait* l'entière confidence.
Je tremble du malheur qui m'en peut arriver,
Et l'on cherche souvent plus qu'on ne veut trouver.

---

1. ***Derechef***: de nouveau.
2. ***Fureur*** : folie furieuse, égarement d'esprit.
3. ***Je devais*** : j'aurais dû.
4. ***M'éclaircir*** : m'apporter des éclaircissements, m'informer.

Acte II

Scène 1

ARNOLPHE

Il m'est, lorsque j'y pense, avantageux sans doute *
D'avoir perdu mes pas [1] et pu manquer sa route ;
Car enfin de mon cœur le trouble impérieux
N'eût pu se renfermer tout entier à ses yeux :
Il eût fait éclater l'ennui * qui me dévore,
Et je ne voudrais pas qu'il sût ce qu'il ignore.
Mais je ne suis pas homme à gober le morceau [2],
Et laisser un champ libre aux vœux du damoiseau * :
J'en veux rompre le cours et, sans tarder, apprendre
Jusqu'où l'intelligence * entre eux a pu s'étendre.
J'y prends pour mon honneur * un notable intérêt ;
Je la regarde en femme, aux termes qu'elle en est [3] ;
Elle n'a pu faillir sans me couvrir de honte,

---

1. ***D'avoir perdu mes pas*** : d'avoir couru en vain.
2. ***Gober le morceau*** : se laisser facilement tromper. L'expression est familière.
3. ***Aux termes qu'elle en est*** : dans la position où elle se trouve.

Et tout ce qu'elle fait enfin est sur mon compte [1].
Éloignement fatal ! voyage malheureux !

Frappant à sa porte.

Scène 2

ALAIN, GEORGETTE, ARNOLPHE

ALAIN

Ah ! Monsieur, cette fois…

ARNOLPHE

Paix ! Venez çà [2] tous deux.
Passez là, passez là. Venez là, venez, dis-je.

GEORGETTE

Ah ! vous me faites peur, et tout mon sang se fige.

ARNOLPHE

C'est donc ainsi qu'absent [3] vous m'avez obéi ?
Et tous deux, de concert, vous m'avez donc trahi ?

GEORGETTE

Eh ! ne me mangez pas, Monsieur, je vous conjure.

ALAIN, *à part.*

Quelque chien enragé l'a mordu, je m'assure [4].

ARNOLPHE

Ouf* ! Je ne puis parler, tant je suis prévenu [5],
Je suffoque, et voudrais me pouvoir mettre nu.

---

1. ***Est sur mon compte*** : me concerne.
2. ***Çà*** : ici. L'expression est un peu vieillie et familière.
3. ***Absent*** : alors que j'étais absent.
4. ***Je m'assure*** : j'en suis certain, sûr.
5. ***Prévenu*** : préoccupé.

Vous avez donc souffert *, ô canaille maudite,
Qu'un homme soit venu ?... Tu veux prendre la fuite !
Il faut que sur-le-champ... Si tu bouges... ! Je veux
Que vous me disiez... Euh ! Oui, je veux que tous deux...
Quiconque remuera, par la mort[1] ! je l'assomme.
Comme est-ce que chez moi s'est introduit cet homme ?
Eh ! parlez. Dépêchez, vite, promptement, tôt *,
Sans rêver. Veut-on dire[2] ?

ALAIN ET GEORGETTE

Ah ! Ah !

GEORGETTE

Le cœur me faut[3] !

ALAIN

Je meurs.

ARNOLPHE

Je suis en eau : prenons un peu d'haleine ;
Il faut que je m'évente et que je me promène.
Aurais-je deviné quand je l'ai vu petit
Qu'il croîtrait pour cela ? Ciel ! que mon cœur pâtit * !
Je pense qu'il vaut mieux que de sa propre bouche
Je tire avec douceur l'affaire qui me touche.
Tâchons à modérer notre ressentiment.
Patience, mon cœur, doucement, doucement.
Levez-vous, et rentrant, faites qu'Agnès descende.
Arrêtez. Sa surprise en deviendrait moins grande :
Du chagrin * qui me trouble ils iraient l'avertir,
Et moi-même je veux l'aller faire sortir.
Que l'on m'attende ici.

---

1. ***Par la mort*** : juron, atténuation de « par la mort de Dieu ».
2. ***Dire*** : parler.
3. ***Me faut*** : me manque, me fait défaut. L'expression est vieillie au XVIIe siècle.

■ Décor de Christian Bérard pour *L'École des femmes*, mise en scène de Louis Jouvet au théâtre de l'Athénée (1936).

Scène 3

ALAIN, GEORGETTE

GEORGETTE

Mon Dieu, qu'il est terrible !
Ses regards m'ont fait peur, mais une peur horrible ;
Et jamais je ne vis un plus hideux chrétien.

ALAIN

Ce Monsieur l'a fâché : je te le disais bien.

GEORGETTE

Mais que diantre est-ce là, qu'avec tant de rudesse
Il nous fait au logis garder notre maîtresse ?
D'où vient qu'à tout le monde il veut tant la cacher,
Et qu'il ne saurait voir personne en approcher ?

ALAIN

C'est que cette action le met en jalousie.

GEORGETTE

Mais d'où vient qu'il est pris de cette fantaisie [1] ?

ALAIN

Cela vient... Cela vient de ce qu'il est jaloux.

GEORGETTE

Oui ; mais pourquoi l'est-il ? et pourquoi ce courroux ?

ALAIN

C'est que la jalousie... entends-tu bien, Georgette,
Est une chose... là... qui fait qu'on s'inquiète *...

---

1. ***Fantaisie*** : caprice.

Et qui chasse les gens d'autour d'une maison.
Je m'en vais te bailler[1] une comparaison,
Afin de concevoir la chose davantage.
Dis-moi, n'est-il pas vrai, quand tu tiens ton potage,
Que si quelque affamé venait pour en manger,
Tu serais en colère, et voudrais le charger[2] ?

GEORGETTE

Oui, je comprends cela.

ALAIN

C'est justement tout comme :
La femme est en effet le potage de l'homme ;
Et, quand un homme voit d'autres hommes parfois
Qui veulent dans sa soupe aller tremper leurs doigts,
Il en montre aussitôt une colère extrême.

GEORGETTE

Oui ; mais pourquoi chacun n'en fait-il pas de même,
Et que nous en voyons qui paraissent joyeux
Lorsque leurs femmes sont avec les biaux Monsieux[3] ?

ALAIN

C'est que chacun n'a pas cette amitié[4] goulue
Qui n'en veut que pour soi.

GEORGETTE

Si je n'ai la berlue,
Je le vois qui revient.

ALAIN

Tes yeux sont bons, c'est lui.

---

1. ***Bailler*** : donner.
2. ***Charger*** : frapper, battre.
3. ***Biaux Monsieux*** : beaux messieurs. Il s'agit d'une tournure vieillie, correspondant ici, pour Molière, à une prononciation paysanne.
4. ***Amitié*** : amour.

GEORGETTE

Vois comme il est chagrin *.

ALAIN

C'est qu'il a de l'ennui *.

Scène 4

ARNOLPHE, AGNÈS, ALAIN, GEORGETTE

ARNOLPHE

Un certain Grec [1] disait à l'empereur Auguste,
Comme une instruction utile autant que juste,
Que lorsqu'une aventure en colère nous met,
Nous devons, avant tout, dire notre alphabet,
Afin que dans ce temps la bile * se tempère,
Et qu'on ne fasse rien que l'on ne doive faire.
J'ai suivi sa leçon sur le sujet d'Agnès,
Et je la fis venir dans ce lieu tout exprès,
Sous prétexte d'y faire un tour de promenade,
Afin que les soupçons de mon esprit malade
Puissent sur le discours [2] la mettre adroitement,
Et lui sondant le cœur, s'éclaircir doucement.
Venez, Agnès. Rentrez [3].

---

1. ***Un certain Grec*** : il s'agit du philosophe Athenodorus. L'anecdote est racontée par Plutarque dans les *Apophtegmes de rois et de généraux*.

2. ***Discours*** : question, sujet.

3. ***Rentrez*** : l'ordre est adressé aux deux domestiques.

Scène 5

ARNOLPHE, AGNÈS

ARNOLPHE

La promenade est belle.

AGNÈS

Fort belle.

ARNOLPHE

Le beau jour !

AGNÈS

Fort beau.

ARNOLPHE

Quelle nouvelle ?

AGNÈS

Le petit chat est mort.

ARNOLPHE

C'est dommage ; mais quoi !
Nous sommes tous mortels, et chacun est pour soi.
Lorsque j'étais aux champs, n'a-t-il point fait de pluie ?

AGNÈS

Non.

ARNOLPHE

Vous ennuyait-il[1] ?

AGNÈS

Jamais je ne m'ennuie.

---

1. ***Vous ennuyait-il ?*** : vous êtes-vous ennuyée ?

ARNOLPHE

Qu'avez-vous fait encor ces neuf ou dix jours-ci ?

AGNÈS

Six chemises, je pense, et six coiffes aussi.

ARNOLPHE, *ayant un peu rêvé.*

Le monde, chère Agnès, est une étrange chose.
Voyez la médisance, et comme chacun cause :
Quelques voisins m'ont dit qu'un jeune homme inconnu
Était, en mon absence, à la maison venu,
Que vous aviez souffert * sa vue et ses harangues ;
Mais je n'ai point pris foi sur [1] ces méchantes langues,
Et j'ai voulu gager que c'était faussement...

AGNÈS

Mon Dieu, ne gagez pas : vous perdriez vraiment.

ARNOLPHE

Quoi ? c'est la vérité qu'un homme... ?

AGNÈS

Chose sûre.
Il n'a presque bougé de chez nous, je vous jure.

ARNOLPHE, *à part.*

Cet aveu qu'elle fait avec sincérité
Me marque pour le moins son ingénuité.
Mais il me semble, Agnès, si ma mémoire est bonne,
Que j'avais défendu que vous vissiez personne.

AGNÈS

Oui ; mais quand je l'ai vu, vous ignoriez pourquoi ;
Et vous en auriez fait, sans doute *, autant que moi.

---

1. ***Pris foi sur*** : donné créance à, cru en.

ARNOLPHE

Peut-être. Mais enfin contez-moi cette histoire.

AGNÈS

Elle est fort étonnante, et difficile à croire.
J'étais sur le balcon à travailler au frais,
Lorsque je vis passer sous les arbres d'auprès [1]
Un jeune homme bien fait, qui, rencontrant ma vue,
D'une humble révérence aussitôt me salue :
Moi, pour ne point manquer à la civilité,
Je fis la révérence aussi de mon côté.
Soudain, il me refait une autre révérence :
Moi, j'en refais de même une autre en diligence [2] ;
Et, lui d'une troisième aussitôt repartant [3],
D'une troisième aussi j'y repars à l'instant.
Il passe, vient, repasse, et toujours de plus belle
Me fait à chaque fois révérence nouvelle ;
Et moi, qui tous ces tours fixement regardais,
Nouvelle révérence aussi je lui rendais :
Tant que, si sur ce point [4] la nuit ne fût venue,
Toujours comme cela je me serais tenue,
Ne voulant point céder, ni recevoir l'ennui
Qu'il me pût estimer moins civile que lui.

ARNOLPHE

Fort bien.

AGNÈS

Le lendemain, étant sur notre porte,
Une vieille m'aborde, en parlant de la sorte :
« Mon enfant, le bon Dieu puisse-t-il vous bénir,

---

1. ***D'auprès*** : près d'ici.
2. ***En diligence*** : en hâte.
3. ***Repartant*** : répliquant, répondant (du verbe « repartir »).
4. ***Sur ce point*** : à ce moment.

Et dans tous vos attraits longtemps vous maintenir !
Il ne vous a pas fait une belle personne
Afin de mal user des choses qu'il vous donne ;
Et vous devez savoir que vous avez blessé
Un cœur qui de s'en plaindre est aujourd'hui forcé. »

ARNOLPHE, *à part.*

Ah ! suppôt de [1] Satan ! exécrable damnée !

AGNÈS

« Moi, j'ai blessé quelqu'un ? fis-je tout étonnée.
– Oui, dit-elle, blessé, mais blessé tout de bon ;
Et c'est l'homme qu'hier vous vîtes du balcon.
– Hélas ! qui [2] pourrait, dis-je, en avoir été cause ?
Sur lui, sans y penser, fis-je choir quelque chose ?
– Non, dit-elle, vos yeux ont fait ce coup fatal,
Et c'est de leurs regards qu'est venu tout son mal.
– Eh ! mon Dieu ! ma surprise est, fis-je, sans seconde* :
Mes yeux ont-ils du mal, pour en donner au monde ?
– Oui, fit-elle, vos yeux, pour causer le trépas,
Ma fille, ont un venin que vous ne savez pas.
En un mot, il languit [3], le pauvre misérable ;
Et s'il faut, poursuivit la vieille charitable,
Que votre cruauté lui refuse un secours,
C'est un homme à porter en terre dans deux jours.
– Mon Dieu ! j'en aurais, dis-je, une douleur bien grande.
Mais pour le secourir qu'est-ce qu'il me demande ?
– Mon enfant, me dit-elle, il ne veut obtenir
Que le bien de vous voir et vous entretenir :
Vos yeux peuvent eux seuls empêcher sa ruine*
Et du mal qu'ils ont fait être la médecine.
– Hélas ! volontiers, dis-je ; et, puisqu'il est ainsi,
Il peut, tant qu'il voudra, me venir voir ici. »

---

1. ***Suppôt de*** : serviteur, complice de Satan.
2. ***Qui*** : qu'est-ce qui.
3. ***Il languit*** : il dépérit.

ARNOLPHE, *à part.*

Ah ! sorcière maudite, empoisonneuse d'âmes,
Puisse l'enfer payer tes charitables trames [1] !

AGNÈS

Voilà comme il me vit, et reçut guérison.
Vous-même, à votre avis, n'ai-je pas eu raison ?
Et pouvais-je, après tout, avoir la conscience
De le laisser mourir faute d'une assistance,
Moi qui compatis tant aux gens qu'on fait souffrir
Et ne puis, sans pleurer, voir un poulet mourir.

ARNOLPHE, *bas.*

Tout cela n'est parti que d'une âme innocente * ;
Et j'en dois accuser mon absence imprudente,
Qui sans guide a laissé cette bonté de mœurs
Exposée aux aguets des rusés séducteurs.
Je crains que le pendard [2], dans ses vœux téméraires,
Un peu plus haut que jeu n'ait poussé les affaires.

AGNÈS

Qu'avez-vous ? Vous grondez, ce me semble, un petit [3] ?
Est-ce que c'est mal fait ce que je vous ai dit ?

ARNOLPHE

Non. Mais de cette vue [4] apprenez-moi les suites,
Et comme le jeune homme a passé ses visites.

AGNÈS

Hélas ! si vous saviez comme il était ravi,
Comme il perdit son mal sitôt que je le vis,
Le présent qu'il m'a fait d'une belle cassette [5],

---

1. ***Trames*** : voir la note 10, p. 36.
2. ***Pendard*** : coquin, vaurien.
3. ***Un petit*** : un peu. L'expression est populaire.
4. ***Vue*** : rencontre, entrevue.
5. ***Cassette*** : petit coffre où l'on entrepose de l'argent ou des bijoux.

Et l'argent qu'en ont eu notre Alain et Georgette,
Vous l'aimeriez sans doute*, et diriez comme nous…

ARNOLPHE

Oui, mais que faisait-il étant seul avec vous ?

AGNÈS

Il disait qu'il m'aimait d'un amour sans seconde*,
Et me disait des mots les plus gentils du monde,
Des choses que jamais rien ne peut égaler,
Et dont, toutes les fois que je l'entends parler,
La douceur me chatouille, et là dedans remue
Certain je ne sais quoi dont je suis tout émue.

ARNOLPHE, *à part*

O fâcheux examen d'un mystère fatal,
Où l'examinateur souffre* seul tout le mal !

À Agnès.

Outre tous ces discours, toutes ces gentillesses,
Ne vous faisait-il point aussi quelques caresses ?

AGNÈS

Oh tant ! Il me prenait et les mains et les bras,
Et de me les baiser il n'était jamais las.

ARNOLPHE

Ne vous a-t-il point pris, Agnès, quelque autre chose ?

La voyant interdite.

Ouf* !

AGNÈS

Eh ! il m'a…

ARNOLPHE

Quoi ?

AGNÈS

Pris…

ARNOLPHE

Euh !

AGNÈS

Le…

ARNOLPHE

Plaît-il ?

AGNÈS

Je n'ose,

Et vous vous fâcherez peut-être contre moi.

ARNOLPHE

Non.

AGNÈS

Si fait *.

ARNOLPHE

Mon Dieu ! non.

AGNÈS

Jurez donc votre foi.

ARNOLPHE

Ma foi, soit.

AGNÈS

Il m'a pris… Vous serez en colère.

ARNOLPHE

Non.

AGNÈS

Si.

ARNOLPHE

Non, non, non, non ! Diantre ! que de mystère !
Qu'est-ce qu'il vous a pris ?

AGNÈS

Il…

ARNOLPHE, *à part.*

Je souffre en damné.

AGNÈS

Il m'a pris le ruban que vous m'aviez donné.
À vous dire le vrai, je n'ai pu m'en défendre.

ARNOLPHE, *reprenant haleine.*

Passe pour le ruban. Mais je voulais apprendre
S'il ne vous a rien fait que vous baiser les bras.

AGNÈS

Comment ! est-ce qu'on fait d'autres choses ?

ARNOLPHE

Non pas.
Mais, pour guérir du mal qu'il dit qui le possède,
N'a-t-il point exigé de vous d'autre remède ?

AGNÈS

Non. Vous pouvez juger, s'il en eût demandé,
Que pour le secourir j'aurais tout accordé.

ARNOLPHE

Grâce aux bontés du Ciel, j'en suis quitte à bon compte ;
Si j'y retombe plus [1], je veux bien qu'on m'affronte [2].
Chut ! De votre innocence*, Agnès, c'est un effet.
Je ne vous en dis mot : ce qui s'est fait est fait.

---

1. ***Si j'y retombe plus*** : si je m'y fais prendre de nouveau.
2. ***Qu'on m'affronte*** : qu'on m'offense, me trompe effrontément.

Je sais qu'en vous flattant le galant * ne désire
Que de vous abuser *, et puis après s'en rire.

AGNÈS

Oh ! point : il me l'a dit plus de vingt fois à moi.

ARNOLPHE

Ah ! vous ne savez pas ce que c'est que sa foi.
Mais enfin apprenez qu'accepter des cassettes,
Et de ces beaux blondins * écouter les sornettes,
Que se laisser par eux, à force de langueur,
Baiser ainsi les mains et chatouiller le cœur,
Est un péché mortel des plus gros qu'il se fasse.

AGNÈS

Un péché, dites-vous ! Et la raison, de grâce ?

ARNOLPHE

La raison ? La raison est l'arrêt prononcé
Que par ces actions le Ciel est courroucé.

AGNÈS

Courroucé ? Mais pourquoi faut-il qu'il s'en courrouce ?
C'est une chose, hélas ! si plaisante [1] et si douce !
J'admire * quelle joie on goûte à tout cela,
Et je ne savais point encor ces choses-là.

ARNOLPHE

Oui ; c'est un grand plaisir que toutes ces tendresses,
Ces propos si gentils, et ces douces caresses ;
Mais il faut le goûter en toute honnêteté*,
Et qu'en se mariant le crime en soit ôté.

AGNÈS

N'est-ce plus un péché lorsque l'on se marie ?

---

1. ***Plaisante*** : agréable, qui plaît.

ARNOLPHE

Non.

AGNÈS

Mariez-moi donc promptement, je vous prie.

ARNOLPHE

Si vous le souhaitez, je le souhaite aussi,
Et pour vous marier on me revoit ici.

AGNÈS

Est-il possible ?

ARNOLPHE

Oui.

AGNÈS

Que vous me ferez aise[1] !

ARNOLPHE

Oui, je ne doute point que l'hymen ne vous plaise.

AGNÈS

Vous nous voulez, nous deux…

ARNOLPHE

Rien de plus assuré.

AGNÈS

Que, si cela se fait, je vous caresserai[2] !

ARNOLPHE

Hé ! la chose sera de ma part réciproque.

---

1. ***Que vous me ferez aise*** : que vous me rendrez ravie, contente.
2. ***Je vous caresserai*** : je vous traiterai avec affection et amabilité. Le verbe a également au XVIIe siècle le sens qu'il a aujourd'hui. C'est à ce sens que pense Arnolphe, d'où le quiproquo.

AGNÈS

Je ne reconnais point, pour moi, quand on se moque.
Parlez-vous tout de bon ?

ARNOLPHE

Oui, vous le pourrez voir.

AGNÈS

Nous serons mariés ?

ARNOLPHE

Oui.

AGNÈS

Mais quand ?

ARNOLPHE

Dès ce soir.

AGNÈS, *riant.*

Dès ce soir ?

ARNOLPHE

Dès ce soir. Cela vous fait donc rire ?

AGNÈS

Oui.

ARNOLPHE

Vous voir bien contente est ce que je désire.

AGNÈS

Hélas ! que je vous ai grande obligation,
Et qu'avec lui j'aurai de satisfaction !

ARNOLPHE

Avec qui ?

AGNÈS

Avec…, là…

ARNOLPHE

Là… : là n'est pas mon compte,
À choisir un mari vous êtes un peu prompte.
C'est un autre, en un mot, que je vous tiens tout prêt,
Et quant au monsieur, là, je prétends, s'il vous plaît,
Dût le mettre au tombeau le mal dont il vous berce,
Qu'avec lui désormais vous rompiez tout commerce* ;
Que, venant au logis [1], pour votre compliment [2]
Vous lui fermiez au nez la porte honnêtement*,
Et lui jetant, s'il heurte [3], un grès [4] par la fenêtre,
L'obligiez tout de bon à ne plus y paraître.
M'entendez-vous, Agnès ? Moi, caché dans un coin,
De votre procédé* je serai le témoin.

AGNÈS

Las ! il est si bien fait ! C'est…

ARNOLPHE

Ah ! que de langage !

AGNÈS

Je n'aurai pas le cœur…

ARNOLPHE

Point de bruit davantage.
Montez là-haut.

1. ***Venant au logis*** : s'il vient au logis.
2. ***Pour votre compliment*** : pour vous adresser des paroles de civilité.
3. ***S'il heurte*** : s'il frappe à la porte.
4. ***Grès*** : pavé.

AGNÈS

Mais quoi ! voulez-vous… ?

ARNOLPHE

C'est assez.

Je suis maître, je parle : allez, obéissez. [1]

---

1. ***C'est assez./Je suis maître, je parle : allez, obéissez*** : reprise partielle, mais littérale et parodique des vers 1867-1868 de la tragédie de Corneille, *Sertorius*.

Acte III

Scène 1

ARNOLPHE, AGNÈS, ALAIN, GEORGETTE

ARNOLPHE

Oui, tout a bien été, ma joie est sans pareille.
Vous avez là suivi mes ordres à merveille,
Confondu de tout point le blondin * séducteur,
Et voilà de quoi sert un sage directeur [1].
Votre innocence *, Agnès, avait été surprise.
Voyez, sans y penser, où vous vous étiez mise :
Vous enfiliez tout droit, sans mon instruction,
Le grand chemin d'enfer et de perdition.
De tous ces damoiseaux * on sait trop les coutumes :
Ils ont de beaux canons [2], force rubans et plumes,
Grands cheveux, belles dents, et des propos fort doux ;
Mais, comme je vous dis, la griffe est là-dessous ;

---

1. ***Directeur*** : le directeur de conscience est un ecclésiastique choisi par une personne pour diriger sa vie spirituelle.
2. ***Canons*** : pièces de toile, fort larges et souvent ornées de dentelles, qu'on attachait au-dessous du genou et qui pendaient jusqu'à la moitié de la jambe pour la couvrir.

Et ce sont vrais Satans, dont la gueule altérée[1]
De l'honneur * féminin cherche à faire curée[2].
Mais, encore une fois, grâce au soin * apporté,
Vous en êtes sortie avec honnêteté*.
L'air dont je vous ai vu lui jeter cette pierre,
Qui de tous ses desseins a mis l'espoir par terre,
Me confirme encor mieux à ne point différer
Les noces où[3] je dis qu'il vous faut préparer.
Mais, avant toute chose, il est bon de vous faire
Quelque petit discours qui vous soit salutaire.
Un siège au frais ici.

À Georgette.

Vous, si jamais en rien…

GEORGETTE

De toutes vos leçons nous nous souviendrons bien,
Cet autre monsieur-là nous en faisait accroire[4] ;
Mais…

ALAIN

S'il entre jamais, je veux jamais ne boire.
Aussi bien est-ce un sot : il nous a l'autre fois
Donné deux écus d'or qui n'étaient pas de poids[5].

ARNOLPHE

Ayez donc pour souper * tout ce que je désire ;
Et pour notre contrat, comme je viens de dire.
Faites venir ici, l'un ou l'autre, au retour,
Le notaire qui loge au coin de ce carfour[6].

---

1. ***Altérée*** : troublée, émue.
2. ***Faire curée*** : s'emparer pour dépecer. Dans le vocabulaire de la chasse, la curée est le moment où les chiens se partagent le cadavre de la bête tuée.
3. ***Où*** : auxquelles.
4. ***Nous en faisait accroire*** : nous racontait des mensonges.
5. ***Deux écus d'or qui n'étaient pas de poids*** : on dit qu'une monnaie est de poids pour dire qu'elle a la masse qu'elle doit avoir selon la loi. Horace a donc rogné les écus…
6. ***Carfour*** : carrefour.

Scène 2

ARNOLPHE, AGNÈS

ARNOLPHE, *assis.*

Agnès, pour m'écouter, laissez là votre ouvrage.
Levez un peu la tête, et tournez le visage :
Là, regardez-moi là durant cet entretien,
Et jusqu'au moindre mot imprimez-le-vous bien.
Je vous épouse, Agnès ; et cent fois la journée
Vous devez bénir l'heur * de votre destinée,
Contempler la bassesse [1] où vous avez été,
Et dans le même temps admirer * ma bonté,
Qui de ce vil [2] état de pauvre villageoise
Vous fait monter au rang d'honorable bourgeoise
Et jouir de la couche et des embrassements
D'un homme qui fuyait tous ces engagements
Et dont à vingt partis, fort capables de plaire,
Le cœur a refusé l'honneur qu'il veut vous faire.
Vous devez toujours, dis-je, avoir devant les yeux
Le peu que vous étiez sans ce nœud * glorieux,
Afin que cet objet [3] d'autant mieux vous instruise,
À mériter l'état où je vous aurai mise,
À toujours vous connaître, et faire qu'à jamais
Je puisse me louer de l'acte que je fais.
Le mariage, Agnès, n'est pas un badinage.
À d'austères devoirs le rang de femme engage,
Et vous n'y montez pas, à ce que je prétends,
Pour être libertine [4] et prendre du bon temps.

1. ***Bassesse*** : condition sociale basse et obscure.
2. ***Vil*** : bas, honteux.
3. ***Objet*** : ici idée, réflexion.
4. ***Libertine*** : indisciplinée, dévergondée.

Votre sexe n'est là que pour la dépendance :
Du côté de la barbe est la toute-puissance.
Bien qu'on soit deux moitiés de la société,
Ces deux moitiés pourtant n'ont point d'égalité :
L'une est moitié suprême et l'autre subalterne ;
L'une en tout est soumise à l'autre qui gouverne ;
Et ce que le soldat, dans son devoir instruit,
Montre d'obéissance au chef qui le conduit,
Le valet à son maître, un enfant à son père,
À son supérieur le moindre petit Frère [1],
N'approche point encor de la docilité,
Et de l'obéissance, et de l'humilité,
Et du profond respect où la femme doit être
Pour son mari, son chef, son seigneur et son maître.
Lorsqu'il jette sur elle un regard sérieux,
Son devoir aussitôt est de baisser les yeux,
Et de n'oser jamais le regarder en face
Que quand d'un doux regard il lui veut faire grâce [2].
C'est ce qu'entendent mal les femmes d'aujourd'hui,
Mais ne vous gâtez pas sur l'exemple d'autrui.
Gardez-vous d'imiter ces coquettes vilaines
Dont par toute la ville on chante les fredaines,
Et de vous laisser prendre aux assauts du malin [3],
C'est-à-dire d'ouïr aucun jeune blondin *.
Songez qu'en vous faisant moitié de ma personne,
C'est mon honneur *, Agnès, que je vous abandonne ;
Que cet honneur * est tendre et se blesse de peu ;
Que sur un tel sujet il ne faut point de jeu ;
Et qu'il est aux enfers des chaudières bouillantes
Où l'on plonge à jamais les femmes mal vivantes [4].

---

1. ***Petit Frère*** : religieux chargé des tâches subalternes.
2. ***Faire grâce*** : donner en faveur.
3. ***Malin*** : diable.
4. ***Mal vivantes*** : qui vivent mal, de mauvaise vie.

Ce que je vous dis là ne sont point des chansons[1] ;
Et vous devez du cœur dévorer ces leçons.
Si votre âme les suit, et fuit d'être coquette,
Elle sera toujours, comme un lis, blanche et nette ;
Mais, s'il faut qu'à l'honneur * elle fasse un faux bond,
Elle deviendra lors noire comme un charbon ;
Vous paraîtrez à tous un objet effroyable,
Et vous irez un jour, vrai partage du diable[2],
Bouillir dans les enfers à toute éternité :
Dont veuille vous garder la céleste bonté !
Faites la révérence. Ainsi qu'une novice[3]
Par cœur dans le couvent doit savoir son office[4],
Entrant au mariage, il en faut faire autant ;
Et voici dans ma poche un écrit important.

Il se lève.

Qui vous enseignera l'office de la femme.
J'en ignore l'auteur, mais c'est quelque bonne âme ;
Et je veux que ce soit votre unique entretien[5].
Tenez. Voyons un peu si vous le lirez bien.

---

1. ***Chansons*** : balivernes, sottises.
2. ***Partage du diable*** : lot attribué au diable.
3. ***Novice*** : celle qui a pris nouvellement l'habit religieux, et qui s'éprouve pendant un certain temps avant de faire profession.
4. ***Office*** : ou livre d'office. Il s'agit du livre qui contient les prières chantées ou récitées au service divin.
5. ***Entretien*** : ici, sujet de réflexion. Le vers dans son intégralité est une parodie du vers 1277 de la tragédie de Corneille *Horace* (1640).

AGNÈS *lit.*

LES MAXIMES[1] *DU MARIAGE*[2]

OU LES DEVOIRS DE LA FEMME MARIÉE

avec son exercice journalier

Ire MAXIME

Celle qu'un lien honnête*
Fait entrer au lit d'autrui,
Doit se mettre dans la tête,
Malgré le train[3] d'aujourd'hui,
Que l'homme qui la prend ne la prend que pour lui.

ARNOLPHE

Je vous expliquerai ce que cela veut dire ;
Mais pour l'heure présente il ne faut rien que lire.

AGNÈS *poursuit.*

IIe MAXIME

Elle ne se doit parer
Qu'autant que peut désirer
Le mari qui la possède :
C'est lui que touche seul le soin* de sa beauté ;
Et pour rien doit être compté
Que les autres la trouvent laide.

IIIe MAXIME

Loin ces études d'œillades,
Ces eaux, ces blancs[4], ces pommades,

---

1. ***Maximes*** : propositions générales qui servent de règle. Au pluriel, le terme désigne aussi le titre donné à certains ouvrages de morale (*cf.* les *Maximes* de La Rochefoucauld).
2. ***Les Maximes du mariage*** : ce type d'ouvrage était à la mode à l'époque.
3. ***Train*** : manière de se comporter, de vivre.
4. ***Ces blancs*** : il s'agit de fards qui éclaircissent le teint, soit le blanc d'Espagne, soit le blanc de céruse.

Et mille ingrédients qui font des teints fleuris [1] :
À l'honneur *, tous les jours, ce sont drogues mortelles,
Et les soins de paraître belles
Se prennent peu pour les maris.

IVe MAXIME

Sous sa coiffe, en sortant, comme l'honneur * l'ordonne,
Il faut que de ses yeux elle étouffe les coups,
Car, pour bien plaire à son époux,
Elle ne doit plaire à personne.

Ve MAXIME

Hors ceux dont au mari la visite se rend,
La bonne règle défend
De recevoir aucune âme :
Ceux qui, de galante * humeur,
N'ont affaire qu'à Madame,
N'accommodent pas [2] Monsieur.

VIe MAXIME

Il faut des présents des hommes
Qu'elle se défende bien ;
Car, dans le siècle où nous sommes,
On ne donne rien pour rien.

VIIe MAXIME

Dans ses meubles, dût-elle en avoir de l'ennui,
Il ne faut écritoire, encre, papier, ni plumes :
Le mari doit, dans les bonnes coutumes,
Écrire tout ce qui s'écrit chez lui.

VIIIe MAXIME

Ces sociétés déréglées
Qu'on nomme belles assemblées

1. ***Fleuris*** : qui ont la fraîcheur et l'éclat que donnent la jeunesse et la santé.
2. ***N'accommodent pas*** : ne conviennent pas à.

Des femmes tous les jours corrompent les esprits :
En bonne politique * on les doit interdire ;
Car c'est là que l'on conspire
Contre les pauvres maris.

IXe MAXIME

Toute femme qui veut à l'honneur * se vouer
Doit se défendre de jouer,
Comme d'une chose funeste :
Car le jeu, fort décevant [1],
Pousse une femme souvent
À jouer de tout son reste.

Xe MAXIME

Des promenades du temps [2],
Ou repas qu'on donne aux champs,
Il ne faut point qu'elle essaye ;
Selon les prudents cerveaux,
Le mari, dans ces cadeaux *,
Est toujours celui qui paye.

XIe MAXIME...

ARNOLPHE

Vous achèverez seule ; et, pas à pas [3], tantôt *
Je vous expliquerai ces choses comme il faut,
Je me suis souvenu d'une petite affaire :
Je n'ai qu'un mot à dire et ne tarderai guère.
Rentrez, et conservez ce livre chèrement [4].
Si le notaire vient, qu'il m'attende un moment.

---

1. ***Décevant*** : trompeur, illusoire.
2. ***Du temps*** : à la mode.
3. ***Pas à pas*** : lentement.
4. ***Chèrement*** : précieusement.

Scène 3

ARNOLPHE

Je ne puis faire mieux que d'en faire ma femme.
Ainsi que je voudrai je tournerai [1] cette âme ;
Comme un morceau de cire entre mes mains elle est,
Et je lui puis donner la forme qui me plaît.
Il s'en est peu fallu que, durant mon absence,
On ne m'ait attrapé par son trop d'innocence * ;
Mais il vaut beaucoup mieux, à dire vérité,
Que la femme qu'on a pèche de ce côté.
De ces sortes d'erreurs le remède est facile :
Toute personne simple aux leçons est docile ;
Et si du bon chemin on l'a fait écarter,
Deux mots incontinent [2] l'y peuvent rejeter.
Mais une femme habile * est bien une autre bête ;
Notre sort ne dépend que de sa seule tête ;
De ce qu'elle s'y met rien ne la fait gauchir [3],
Et nos enseignements ne font là que blanchir [4] :
Son bel esprit lui sert à railler nos maximes,
À se faire souvent des vertus de ses crimes,
Et trouver, pour venir à ses coupables fins,
Des détours à duper l'adresse des plus fins.
Pour se parer du coup en vain on se fatigue :
Une femme d'esprit est un diable en intrigue ;
Et, dès que son caprice a prononcé tout bas
L'arrêt de notre honneur *, il faut passer le pas [5] :

---

1. ***Je tournerai*** : je gouvernerai, je me rendrai maître.
2. ***Incontinent*** : aussitôt.
3. ***Gauchir*** : dévier.
4. ***Blanchir*** : échouer, être inefficace.
5. ***Passer le pas*** : subir quelque chose de forcé.

■ Arnolphe (Louis Jouvet) et Agnès (Madeleine Ozeray) dans *L'École des femmes*, mise en scène de Louis Jouvet (théâtre de l'Athénée, 1936).

Beaucoup d'honnêtes gens en pourraient bien que dire [1].
Enfin, mon étourdi n'aura pas lieu d'en rire.
Par son trop de caquet il a ce qu'il lui faut.
Voilà de nos Français l'ordinaire défaut :
Dans la possession d'une bonne fortune *,
Le secret est toujours ce qui les importune ;
Et la vanité sotte a pour eux tant d'appas *,
Qu'ils se perdraient plutôt que de ne causer pas.
Oh ! que les femmes sont du diable bien tentées,
Lorsqu'elles vont choisir ces têtes éventées [2],
Et que… ! Mais le voici… Cachons-nous toujours bien
Et découvrons un peu quel chagrin * est le sien.

Scène 4

HORACE, ARNOLPHE

HORACE

Je reviens de chez vous, et le destin me montre
Qu'il n'a pas résolu que je vous y rencontre.
Mais j'irai tant de fois, qu'enfin quelque moment…

ARNOLPHE

Eh ! mon Dieu ! n'entrons point dans ce vain compliment :
Rien ne me fâche tant que ces cérémonies ;
Et, si l'on m'en croyait, elles seraient bannies.
C'est un maudit usage ; et la plupart des gens
Y perdent sottement les deux tiers de leur temps.
Mettons [3] donc, sans façons. Hé bien ! vos amourettes ?
Puis-je, seigneur Horace, apprendre où vous en êtes ?
J'étais tantôt * distrait par quelque vision [4] ;

---

1. ***En pourraient bien que dire*** : pourraient bien avoir quelque chose à dire.
2. ***Éventées*** : écervelées.
3. ***Mettons*** : couvrons-nous la tête, mettons nos chapeaux.
4. ***Vision*** : idée.

Mais depuis là-dessus j'ai fait réflexion :
De vos premiers progrès j'admire* la vitesse,
Et dans l'événement mon âme s'intéresse[1].

HORACE

Ma foi, depuis qu'à vous s'est découvert mon cœur,
Il est à mon amour arrivé du malheur.

ARNOLPHE

Oh ! oh ! comment cela ?

HORACE

La fortune* cruelle
A ramené des champs le patron de la belle.

ARNOLPHE

Quel malheur !

HORACE

Et de plus, à mon très grand regret,
Il a su de nous deux le commerce* secret.

ARNOLPHE

D'où, diantre, a-t-il sitôt appris cette aventure ?

HORACE

Je ne sais ; mais enfin c'est une chose sûre.
Je pensais aller rendre, à mon heure à peu près,
Ma petite visite à ses jeunes attraits,
Lorsque, changeant pour moi de ton et de visage,
Et servante et valet m'ont bouché le passage,
Et d'un : « Retirez-vous, vous nous importunez »,
M'ont assez rudement fermé la porte au nez.

ARNOLPHE

La porte au nez !

---

1. ***Dans l'événement mon âme s'intéresse*** : je m'intéresse à l'événement.

HORACE

Au nez.

ARNOLPHE

La chose est un peu forte.

HORACE

J'ai voulu leur parler au travers de la porte ;
Mais à tous mes propos ce qu'ils ont répondu,
C'est : « Vous n'entrerez point, Monsieur l'a défendu. »

ARNOLPHE

Ils n'ont donc point ouvert ?

HORACE

Non. Et de la fenêtre
Agnès m'a confirmé le retour de ce maître,
En me chassant de là d'un ton plein de fierté,
Accompagné d'un grès que sa main a jeté.

ARNOLPHE

Comment d'un grès ?

HORACE

D'un grès de taille non petite,
Dont on a par ses mains régalé [1] ma visite.

ARNOLPHE

Diantre ! ce ne sont pas des prunes [2] que cela !
Et je trouve fâcheux l'état où vous voilà.

HORACE

Il est vrai, je suis mal par ce retour funeste.

---

1. ***Régalé*** : payé, récompensé.
2. ***Ce ne sont pas des prunes*** : ce n'est pas rien. L'expression est familière.

ARNOLPHE

Certes, j'en suis fâché pour vous, je vous proteste [1].

HORACE

Cet homme me rompt tout [2].

ARNOLPHE

Oui. Mais cela n'est rien,
Et de vous raccrocher vous trouverez moyen.

HORACE

Il faut bien essayer, par quelque intelligence *,
De vaincre du jaloux l'exacte vigilance.

ARNOLPHE

Cela vous est facile. Et la fille, après tout,
Vous aime.

HORACE

Assurément.

ARNOLPHE

Vous en viendrez à bout.

HORACE

Je l'espère.

ARNOLPHE

Le grès vous a mis en déroute ;
Mais cela ne doit pas vous étonner *.

HORACE

Sans doute *,
Et j'ai compris d'abord * que mon homme était là,
Qui, sans se faire voir, conduisait tout cela.

---

1. ***Je vous proteste*** : je vous le déclare solennellement.
2. ***Me rompt tout*** : fait échouer tous mes projets.

Mais ce qui m'a surpris, et qui va vous surprendre,
C'est un autre incident que vous allez entendre ;
Un trait* hardi qu'a fait cette jeune beauté,
Et qu'on n'attendrait point de sa simplicité.
Il le faut avouer, l'amour est un grand maître[1] :
Ce qu'on ne fut jamais il nous enseigne à l'être ;
Et souvent de nos mœurs l'absolu changement
Devient, par ses leçons, l'ouvrage d'un moment ;
De la nature, en nous, il force les obstacles,
Et ses effets soudains ont de l'air des miracles ;
D'un avare à l'instant il fait un libéral,
Un vaillant d'un poltron, un civil[2] d'un brutal ;
Il rend agile à tout l'âme la plus pesante,
Et donne de l'esprit à la plus innocente*.
Oui, ce dernier miracle éclate dans Agnès ;
Car, tranchant avec moi[3] par ces termes exprès[4] :
« Retirez-vous : mon âme aux visites renonce ;
Je sais tous vos discours, et voilà ma réponse »,
Cette pierre ou ce grès dont vous vous étonniez*
Avec un mot de lettre[5] est tombée à mes pieds ;
Et j'admire* de voir cette lettre ajustée[6]
Avec le sens des mots et la pierre jetée.
D'une telle action n'êtes-vous pas surpris ?
L'amour sait-il pas l'art d'aiguiser les esprits ?
Et peut-on me nier que ses flammes puissantes
Ne fassent dans un cœur des choses étonnantes ?
Que dites-vous du tour et de ce mot d'écrit ?
Euh ! n'admirez-vous* point cette adresse d'esprit ?

---

1. ***L'amour est un grand maître*** : souvenir du premier hémistiche du vers 595 (II, 3) de *La Suite du Menteur* de Corneille (1644).
2. ***Un civil*** : un homme courtois, affable.
3. ***Tranchant avec moi*** : rompant l'entretien avec moi.
4. ***Exprès*** : qui ne laissent aucun doute.
5. ***Un mot de lettre*** : un bref billet.
6. ***Ajustée*** : accommodée, disposée heureusement.

Trouvez-vous pas plaisant de voir quel personnage
A joué mon jaloux dans tout ce badinage ?
Dites.

ARNOLPHE

Oui, fort plaisant.

HORACE

Riez-en donc un peu.

Arnolphe rit d'un ris forcé.

Cet homme, gendarmé d'abord contre mon feu *,
Qui chez lui se retranche, et de grès fait parade,
Comme si j'y voulais entrer par escalade ;
Qui, pour me repousser, dans son bizarre * effroi,
Anime du dedans tous ses gens contre moi,
Et qu'abuse * à ses yeux, par sa machine [1] même,
Celle qu'il veut tenir dans l'ignorance extrême !
Pour moi, je vous l'avoue, encor que son retour
En un grand embarras jette ici mon amour,
Je tiens cela plaisant autant qu'on saurait dire,
Je ne puis y songer sans de bon cœur en rire :
Et vous n'en riez pas assez, à mon avis.

ARNOLPHE, *avec un ris forcé.*

Pardonnez-moi, j'en ris tout autant que je puis.

HORACE

Mais il faut qu'en ami je vous montre la lettre.
Tout ce que son cœur sent, sa main a su l'y mettre,
Mais en termes touchants et tous pleins de bonté,
De tendresse innocente * et d'ingénuité,
De la manière enfin que la pure nature
Exprime de l'amour la première blessure.

---

1. ***Machine*** : ruse, stratagème.

ARNOLPHE, *bas.*

Voilà, friponne, à quoi l'écriture te sert ;
Et, contre mon dessein, l'art t'en fut découvert.

HORACE, *lit.*

« Je veux vous écrire, et je suis bien plus en peine par où [1] je m'y prendrai. J'ai des pensées que je désirerais que vous sussiez ; mais je ne sais comment faire pour vous les dire, et je me défie de mes paroles. Comme je commence à connaître [2] qu'on m'a toujours tenue dans l'ignorance, j'ai peur de mettre quelque chose qui ne soit pas bien, et d'en dire plus que je ne devrais. En vérité, je ne sais ce que vous m'avez fait ; mais je sens que je suis fâchée à mourir de ce qu'on me fait faire contre vous, que j'aurai toutes les peines du monde à me passer de vous, et que je serais bien aise d'être à vous. Peut-être qu'il y a du mal à dire cela ; mais enfin je ne puis m'empêcher de le dire, et je voudrais que cela se pût faire sans qu'il y en eût. On me dit fort que tous les jeunes hommes sont des trompeurs, qu'il ne les faut point écouter, et que tout ce que vous me dites n'est que pour m'abuser * ; mais je vous assure que je n'ai pu encore me figurer cela de vous, et je suis si touchée de vos paroles, que je ne saurais croire qu'elles soient menteuses. Dites-moi franchement ce qu'il en est ; car enfin, comme je suis sans malice [3], vous auriez le plus grand tort du monde si vous me trompiez ; et je sens que j'en mourrais de déplaisir [4]. »

ARNOLPHE, *à part.*

Hon ! chienne !

HORACE

Qu'avez-vous ?

---

1. ***Par où*** : de savoir par où.
2. ***Connaître*** : ici, comprendre.
3. ***Malice*** : perversité, méchanceté.
4. ***Déplaisir*** : profonde douleur, désespoir.

ARNOLPHE

Moi ? rien. C'est que je tousse.

HORACE

Avez-vous jamais vu d'expression plus douce ?
Malgré les soins * maudits d'un injuste pouvoir,
Un plus beau naturel peut-il se faire voir ?
Et n'est-ce pas sans doute * un crime punissable
De gâter méchamment ce fonds d'âme admirable,
D'avoir dans l'ignorance et la stupidité
Voulu de cet esprit étouffer la clarté ?
L'amour a commencé d'en déchirer le voile ;
Et si, par la faveur de quelque bonne étoile,
Je puis, comme j'espère, à ce franc [1] animal,
Ce traître, ce bourreau, ce faquin [2], ce brutal...

ARNOLPHE

Adieu.

HORACE

Comment, si vite ?

ARNOLPHE

Il m'est dans la pensée,
Venu tout maintenant [3] une affaire pressée.

HORACE

Mais ne sauriez-vous point, comme on la tient de près,
Qui dans cette maison pourrait avoir accès ?
J'en use sans scrupule ; et ce n'est pas merveille
Qu'on se puisse, entre amis, servir à la pareille [4].
Je n'ai plus là-dedans que gens pour m'observer ;

---

1. ***Franc*** : parfait, complet.
2. ***Faquin*** : canaille, homme vil et méprisable.
3. ***Tout maintenant*** : à l'instant.
4. ***À la pareille*** : d'une manière semblable, en retour.

Et servante et valet, que je viens de trouver,
N'ont jamais, de quelque air que je m'y sois pu prendre,
Adouci leur rudesse à me vouloir entendre.
J'avais pour de tels coups certaine vieille en main,
D'un génie[1], à vrai dire, au-dessus de l'humain :
Elle m'a dans l'abord[2] servi de bonne sorte ;
Mais depuis quatre jours la pauvre femme est morte.
Ne me pourriez-vous point ouvrir quelque moyen ?

ARNOLPHE

Non, vraiment ; et sans moi vous en trouverez bien.

HORACE

Adieu donc. Vous voyez ce que je vous confie.

Scène 5

ARNOLPHE

Comme il faut devant lui que je me mortifie[3] !
Quelle peine à cacher mon déplaisir cuisant !
Quoi ? pour une innocente* un esprit si présent[4] !
Elle a feint d'être telle à mes yeux, la traîtresse,
Ou le diable à son âme a soufflé cette adresse.
Enfin me voilà mort par ce funeste écrit.
Je vois qu'il a, le traître, empaumé[5] son esprit,
Qu'à ma suppression il s'est ancré chez elle ;
Et c'est mon désespoir et ma peine mortelle.
Je souffre doublement dans le vol de son cœur,
Et l'amour y pâtit* aussi bien que l'honneur*,

1. ***Génie*** : talent.
2. ***Dans l'abord*** : pour commencer.
3. ***Que je me mortifie*** : que je me réprime, m'humilie.
4. ***Présent*** : prompt, vif.
5. ***Empaumé*** : pris en main, subjugué.

J'enrage de trouver cette place usurpée,
Et j'enrage de voir ma prudence trompée.
Je sais que, pour punir son amour libertin,
Je n'ai qu'à laisser faire à son mauvais destin,
Que je serai vengé d'elle par elle-même ;
Mais il est bien fâcheux de perdre ce qu'on aime.
Ciel ! puisque pour un choix j'ai tant philosophé,
Faut-il de ses appas * m'être si fort coiffé [1] !
Elle n'a ni parents, ni support, ni richesse ;
Elle trahit mes soins, mes bontés, ma tendresse :
Et cependant je l'aime, après ce lâche tour,
Jusqu'à ne me pouvoir passer de cet amour.
Sot, n'as-tu point de honte ? Ah ! je crève, j'enrage.
Et je souffletterais mille fois mon visage.
Je veux entrer un peu, mais seulement pour voir
Quelle est sa contenance après un trait * si noir.
Ciel, faites que mon front soit exempt de disgrâce ;
Ou bien, s'il est écrit qu'il faille que j'y passe,
Donnez-moi tout au moins, pour de tels accidents,
La constance [2] qu'on voit à de certaines gens !

1. ***Coiffé*** : entiché de.
2. ***Constance*** : force d'esprit.

Acte IV

Scène 1

ARNOLPHE

J'ai peine, je l'avoue, à demeurer en place,
Et de mille soucis mon esprit s'embarrasse,
Pour pouvoir mettre un ordre et dedans et dehors
Qui du godelureau [1] rompe tous les efforts.
De quel œil la traîtresse a soutenu ma vue !
De tout ce qu'elle a fait elle n'est point émue ;
Et bien qu'elle me mette à deux doigts du trépas,
On dirait, à la voir, qu'elle n'y touche pas [2].
Plus en la regardant je la voyais tranquille,
Plus je sentais en moi s'échauffer une bile * ;
Et ces bouillants transports * dont s'enflammait mon cœur
Y semblaient redoubler mon amoureuse ardeur ;
J'étais aigri, fâché, désespéré contre elle :
Et cependant jamais je ne la vis si belle,
Jamais ses yeux aux miens n'ont paru si perçants,

1. ***Godelureau*** : jeune homme qui fait l'agréable et le galant auprès des femmes.
2. ***Qu'elle n'y touche pas*** : qu'elle n'a pas de malice.

Jamais je n'eus pour eux des désirs si pressants ;
Et je sens là dedans[1] qu'il faudra que je crève
Si de mon triste sort la disgrâce s'achève.
Quoi ? j'aurai dirigé son éducation
Avec tant de tendresse et de précaution,
Je l'aurai fait passer chez moi dès son enfance,
Et j'en aurai chéri la plus tendre espérance,
Mon cœur aura bâti[2] sur ses attraits naissants
Et cru la mitonner[3] pour moi durant treize ans,
Afin qu'un jeune fou dont elle s'amourache
Me la vienne enlever jusque sur la moustache[4],
Lorsqu'elle est avec moi mariée à demi !
Non, parbleu ! non, parbleu ! Petit sot, mon ami,
Vous aurez beau tourner : ou j'y perdrai mes peines,
Ou je rendrai, ma foi, vos espérances vaines,
Et de moi tout à fait vous ne vous rirez point.

Scène 2

LE NOTAIRE, ARNOLPHE

LE NOTAIRE

Ah ! le voilà ! Bonjour. Me voici tout à point
Pour dresser le contrat que vous souhaitez faire.

ARNOLPHE, *sans le voir.*

Comment faire ?

---

1. ***Là dedans*** : l'expression suggère qu'Arnolphe dirige son doigt vers son cœur.
2. ***Bâti*** : formé des projets.
3. ***La mitonner*** : la dorloter, prendre un grand soin d'elle. L'expression a une origine culinaire.
4. ***Sur la moustache*** : sous mon nez.

LE NOTAIRE

Il le faut dans la forme ordinaire.

ARNOLPHE, *sans le voir.*

À mes précautions je veux songer de près.

LE NOTAIRE

Je ne passerai[1] rien contre vos intérêts.

ARNOLPHE, *sans le voir.*

Il se faut garantir de toutes les surprises.

LE NOTAIRE

Suffit qu'entre mes mains vos affaires soient mises.
Il ne vous faudra point, de peur d'être déçu,
Quittancer[2] le contrat que vous n'ayez reçu.

ARNOLPHE, *sans le voir.*

J'ai peur, si je vais faire éclater quelque chose,
Que de cet incident par la ville on ne cause.

LE NOTAIRE

Hé bien ! il est aisé d'empêcher cet éclat,
Et l'on peut en secret faire votre contrat.

ARNOLPHE, *sans le voir.*

Mais comment faudra-t-il qu'avec elle j'en sorte ?

LE NOTAIRE

Le douaire[3] se règle au bien qu'on vous apporte.

ARNOLPHE, *sans le voir.*

Je l'aime, et cet amour est mon grand embarras.

---

1. ***Passerai*** : transcrirai (terme de langage judiciaire).
2. ***Quittancer*** : reconnaître qu'un débiteur a payé tout ou partie de la somme qu'il devait (terme de langage judiciaire).
3. ***Douaire*** : portion de biens qui est donnée à une femme par son mari à l'occasion du mariage (terme de langage judiciaire).

LE NOTAIRE

On peut avantager une femme en ce cas.

ARNOLPHE, *sans le voir.*

Quel traitement lui faire en pareille aventure ?

LE NOTAIRE

L'ordre est que le futur doit douer [1] la future
Du tiers du dot [2] qu'elle a ; mais cet ordre n'est rien,
Et l'on va plus avant lorsque l'on le veut bien.

ARNOLPHE, *sans le voir.*

Si…

LE NOTAIRE, *Arnolphe l'apercevant.*

Pour le préciput [3], il les regarde ensemble.
Je dis que le futur peut, comme bon lui semble,
Douer la future.

ARNOLPHE, *l'ayant aperçu.*

Euh ?

LE NOTAIRE

Il peut l'avantager
Lorsqu'il l'aime beaucoup et qu'il veut l'obliger [4],
Et cela par douaire, ou préfix [5] qu'on appelle,
Qui demeure perdu par le trépas d'icelle [6],

---

1. ***Douer*** : assigner un douaire à sa femme (terme de langage judiciaire).
2. ***Dot*** : bien qu'une femme apporte en mariage. Le mot est féminin, mais il est encore accepté au masculin.
3. ***Préciput*** : avantage que l'on stipule dans les contrats de mariage en faveur du survivant (terme de langage judiciaire).
4. ***L'obliger*** : lui faire quelque faveur.
5. ***Préfix*** : ou douaire préfix. Il s'agit du douaire qui consiste en certaine somme marquée et déterminée par les conventions matrimoniales (terme de langage judiciaire).
6. ***D'icelle*** : de celle-ci. Le terme n'est plus employé alors que dans la langue judiciaire.

Ou sans retour, qui va de ladite à ses hoirs[1],
Ou coutumier[2], selon les différents vouloirs,
Ou par donation dans le contrat formelle,
Qu'on fait ou pure ou simple[3], ou qu'on fait mutuelle[4].
Pourquoi hausser le dos ? Est-ce qu'on parle en fat[5],
Et que l'on ne sait pas les formes d'un contrat ?
Qui me les apprendra ? Personne, je présume.
Sais-je pas qu'étant joints on est par la Coutume
Communs en meubles, biens immeubles et conquêts[6],
À moins que par un acte on y renonce exprès ?
Sais-je pas que le tiers du bien de la future
Entre en communauté pour…

ARNOLPHE

Oui, c'est chose sûre,
Vous savez tout cela ; mais qui vous en dit mot ?

LE NOTAIRE

Vous, qui me prétendez faire passer pour sot,
En me haussant l'épaule et faisant la grimace.

ARNOLPHE

La peste soit fait l'homme, et sa chienne de face !
Adieu : c'est le moyen de vous faire finir.

LE NOTAIRE

Pour dresser un contrat m'a-t-on pas fait venir ?

---

1. ***Hoirs*** : héritiers (terme de langage judiciaire).
2. ***Coutumier*** : qui appartient à la coutume, au droit non écrit (terme de langage judiciaire).
3. ***Pure ou simple*** : en faveur d'un des deux conjoints.
4. ***Mutuelle*** : en faveur du conjoint survivant.
5. ***Fat*** : impertinent, sans jugement, plein de complaisance pour lui-même.
6. ***Conquêts*** : acquêt, biens acquis après le mariage (terme de langage judiciaire).

Arnolphe

Oui, je vous ai mandé[1] ; mais la chose est remise,
Et l'on vous mandera quand l'heure sera prise,
Voyez quel diable d'homme avec son entretien !

Le Notaire

Je pense qu'il en tient[2] ; et je crois penser bien.

Scène 3

Le Notaire, Alain, Georgette

Le Notaire

M'êtes-vous pas venu quérir pour votre maître ?

Alain

Oui.

Le Notaire

J'ignore pour qui vous le pouvez connaître,
Mais allez de ma part lui dire de ce pas
Que c'est un fou fieffé.

Georgette

Nous n'y manquerons pas.

Scène 4

Arnolphe, Alain, Georgette

Alain

Monsieur…

Arnolphe

Approchez-vous : vous êtes mes fidèles,
Mes bons, mes vrais amis, et j'en sais des nouvelles.

---

1. ***Mandé*** : fait venir.
2. ***Qu'il en tient*** : qu'il est fou.

ALAIN

Le Notaire…

ARNOLPHE

Laissons, c'est pour quelque autre jour.
On veut à mon honneur * jouer d'un mauvais tour ;
Et quel affront pour vous, mes enfants, pourrait-ce être,
Si l'on avait ôté l'honneur * à votre maître !
Vous n'oseriez après paraître en nul endroit,
Et chacun, vous voyant, vous montrerait au doigt.
Donc, puisque autant que moi l'affaire vous regarde,
Il faut de votre part faire une telle garde,
Que ce galant * ne puisse en aucune façon…

GEORGETTE

Vous nous avez tantôt * montré notre leçon.

ARNOLPHE

Mais à ses beaux discours gardez bien de vous rendre.

ALAIN

Oh ! vraiment.

GEORGETTE

Nous savons comme il faut s'en défendre.

ARNOLPHE

S'il venait doucement : « Alain, mon pauvre cœur,
Par un peu de secours soulage ma langueur. »

ALAIN

Vous êtes un sot.

ARNOLPHE

À Georgette.

Bon. « Georgette, ma mignonne,
Tu me parais si douce et si bonne personne. »

GEORGETTE

Vous êtes un nigaud.

ARNOLPHE

À Alain.

Bon. « Quel mal trouves-tu
Dans un dessein honnête * et tout plein de vertu ? »

ALAIN

Vous êtes un fripon.

ARNOLPHE

À Georgette.

Fort bien. « Ma mort est sûre,
Si tu ne prends pitié des peines que j'endure. »

GEORGETTE

Vous êtes un benêt, un impudent.

ARNOLPHE

Fort bien.
« Je ne suis pas un homme à vouloir rien pour rien ;
Je sais, quand on me sert, en garder la mémoire ;
Cependant, par avance, Alain, voilà pour boire ;
Et voilà pour t'avoir, Georgette, un cotillon [1] :

Ils tendent tous deux la main, et prennent l'argent.

Ce n'est de mes bienfaits qu'un simple échantillon.
Toute la courtoisie [2] enfin dont je vous presse,

---

1. ***Cotillon*** : petite jupe de dessous des paysannes ou des femmes de condition modeste.
2. ***Courtoisie*** : service gracieusement rendu.

C'est que je puisse voir votre belle maîtresse. »

GEORGETTE, *le poussant.*

À d'autres !

ARNOLPHE

Bon, cela.

ALAIN, *le poussant.*

Hors d'ici.

ARNOLPHE

Bon.

GEORGETTE, *le poussant.*

Mais tôt * !

ARNOLPHE

Bon ! Holà ! c'est assez.

GEORGETTE

Fais-je pas comme il faut ?

ALAIN

Est-ce de la façon que vous voulez l'entendre ?

ARNOLPHE

Oui, fort bien, hors l'argent, qu'il ne fallait pas prendre.

GEORGETTE

Nous ne nous sommes pas souvenus de ce point.

ALAIN

Voulez-vous qu'à l'instant nous recommencions ?

ARNOLPHE

Point :

Suffit. Rentrez tous deux.

ALAIN

Vous n'avez rien qu'à dire[1].

ARNOLPHE

Non, vous dis-je ; rentrez, puisque je le désire.
Je vous laisse l'argent. Allez : je vous rejoins.
Ayez bien l'œil à tout, et secondez mes soins *.

Scène 5

ARNOLPHE

Je veux, pour espion qui soit d'exacte vue,
Prendre le savetier[2] du coin de notre rue.
Dans la maison toujours je prétends la tenir
Y faire bonne garde, et surtout en bannir
Vendeuses de rubans, perruquières, coiffeuses,
Faiseuses de mouchoirs, gantières, revendeuses,
Tous ces gens qui sous main travaillent chaque jour
À faire réussir les mystères d'amour.
Enfin j'ai vu le monde et j'en sais les finesses.
Il faudra que mon homme ait de grandes adresses
Si message ou poulet[3] de sa part peut entrer.

Scène 6

HORACE, ARNOLPHE

HORACE

La place m'est heureuse à vous y rencontrer.
Je viens de l'échapper bien belle, je vous jure.

---

1. ***Vous n'avez rien qu'à dire*** : il vous suffit de parler.
2. ***Savetier*** : cordonnier.
3. ***Poulet*** : petit billet amoureux.

Au sortir d'avec vous, sans prévoir l'aventure,
Seule dans son balcon, j'ai vu paraître Agnès,
Qui des arbres prochains [1] prenait un peu le frais.
Après m'avoir fait signe, elle a su faire en sorte,
Descendant au jardin, de m'en ouvrir la porte ;
Mais à peine tous deux dans sa chambre étions-nous,
Qu'elle a sur les degrés [2] entendu son jaloux ;
Et tout ce qu'elle a pu, dans un tel accessoire [3],
C'est de me renfermer dans une grande armoire.
Il est entré d'abord * : je ne le voyais pas,
Mais je l'oyais [4] marcher, sans rien dire, à grands pas,
Poussant de temps en temps des soupirs pitoyables,
Et donnant quelquefois de grands coups sur les tables,
Frappant un petit chien qui pour lui s'émouvait [5],
Et jetant brusquement les hardes [6] qu'il trouvait ;
Il a même cassé, d'une main mutinée [7],
Des vases dont la belle ornait sa cheminée ;
Et sans doute * il faut bien qu'à ce becque cornu [8]
Du trait * qu'elle a joué quelque jour [9] soit venu.
Enfin, après cent tours, ayant de la manière
Sur ce qui n'en peut mais [10] déchargé sa colère,
Mon jaloux inquiet [11], sans dire son ennui *,
Est sorti de la chambre, et moi, de mon étui [12].

---

1. ***Prochains*** : qui sont proches.
2. ***Degrés*** : marches d'escalier.
3. ***Dans un tel accessoire*** : dans une situation aussi difficile.
4. ***Je l'oyais*** : je l'entendais (du verbe « ouïr »).
5. ***S'émouvait*** : s'agitait, se déchaînait.
6. ***Hardes*** : vêtements, parures. Le terme n'a rien de péjoratif.
7. ***Mutinée*** : révoltée.
8. ***Becque cornu*** : cocu. Le mot « becque » n'a rien à voir avec un bec. Il renvoie à l'étymologie *becco*, le bouc.
9. ***Jour*** : information.
10. ***Ce qui n'en peut mais*** : ce qui n'y est pour rien. L'expression est familière.
11. ***Inquiet*** : agité, qui ne peut rester tranquille.
12. ***Étui*** : lieu étroit.

Nous n'avons point voulu, de peur du personnage,
Risquer à nous tenir ensemble davantage :
C'était trop hasarder ; mais je dois, cette nuit,
Dans sa chambre un peu tard m'introduire sans bruit
En toussant par trois fois je me ferai connaître* ;
Et je dois au signal voir ouvrir la fenêtre,
Dont, avec une échelle, et secondé d'Agnès,
Mon amour tâchera de me gagner l'accès.
Comme à mon seul ami, je veux bien vous l'apprendre :
L'allégresse du cœur s'augmente à la répandre ;
Et goûtât-on cent fois un bonheur trop parfait,
On n'en est pas content, si quelqu'un ne le sait.
Vous prendrez part, je pense, à l'heur* de mes affaires.
Adieu. Je vais songer aux choses nécessaires.

Scène 7

ARNOLPHE

Quoi ? l'astre qui s'obstine à me désespérer
Ne me donnera pas le temps de respirer ?
Coup sur coup je verrai, par leur intelligence*,
De mes soins* vigilants confondre[1] la prudence ?
Et je serai la dupe, en ma maturité,
D'une jeune innocente* et d'un jeune éventé[2] ?
En sage philosophe on m'a vu, vingt années,
Contempler des maris les tristes destinées,
Et m'instruire avec soin de tous les accidents
Qui font dans le malheur tomber les plus prudents ;
Des disgrâces d'autrui profitant dans mon âme,
J'ai cherché les moyens, voulant prendre une femme,
De pouvoir garantir mon front de tous affronts,

1. ***Confondre*** : faire échouer, réduire à l'impuissance.
2. ***Éventé*** : voir la note 2, p. 89.

Et le tirer de pair[1] d'avec les autres fronts.
Pour ce noble dessein, j'ai cru mettre en pratique
Tout ce que peut trouver l'humaine politique* ;
Et comme si du sort il était arrêté
Que nul homme ici-bas n'en serait exempté[2],
Après l'expérience et toutes les lumières
Que j'ai pu m'acquérir sur de telles matières,
Après vingt ans et plus de méditation
Pour me conduire en tout avec précaution,
De tant d'autres maris j'aurais quitté la trace
Pour me trouver après dans la même disgrâce ?
Ah ! bourreau de destin, vous en aurez menti.
De l'objet* qu'on poursuit je suis encor nanti[3] ;
Si son cœur m'est volé par ce blondin* funeste,
J'empêcherai du moins qu'on s'empare du reste,
Et cette nuit, qu'on prend pour ce galant* exploit,
Ne se passera pas si doucement qu'on croit.
Ce m'est quelque plaisir, parmi tant de tristesse,
Que l'on me donne avis du piège qu'on me dresse,
Et que cet étourdi, qui veut m'être fatal,
Fasse son confident de son propre rival.

Scène 8

CHRYSALDE, ARNOLPHE

CHRYSALDE

Hé bien ! souperons-nous* avant la promenade ?

ARNOLPHE

Non, je jeûne ce soir.

---

1. ***Tirer de pair*** : élever au-dessus des autres, distinguer.
2. ***N'en serait exempté*** : ne serait dispensé des affronts, c'est-à-dire, ici, d'être cocu.
3. ***Nanti*** : en possession de (terme juridique).

CHRYSALDE

D'où vient cette boutade ?

ARNOLPHE

De grâce, excusez-moi : j'ai quelque autre embarras.

CHRYSALDE

Votre hymen résolu ne se fera-t-il pas ?

ARNOLPHE

C'est trop s'inquiéter des affaires des autres.

CHRYSALDE

Oh ! oh ! si brusquement ! Quels chagrins * sont les vôtres ?
Serait-il point, compère, à votre passion
Arrivé quelque peu de tribulation [1] ?
Je le jurerais presque à voir votre visage.

ARNOLPHE

Quoi qu'il m'arrive, au moins aurai-je l'avantage
De ne pas ressembler à de certaines gens
Qui souffrent * doucement l'approche des galants *.

CHRYSALDE

C'est un étrange fait *, qu'avec tant de lumières [2],
Vous vous effarouchiez toujours sur ces matières,
Qu'en cela vous mettiez le souverain bonheur,
Et ne conceviez point au monde d'autre honneur.
Être avare, brutal [3], fourbe, méchant et lâche,
N'est rien, à votre avis, auprès de cette tache ;
Et, de quelque façon qu'on puisse avoir vécu,

---

1. ***Tribulation*** : tourment, préoccupation.
2. ***Lumières*** : connaissances sur le sujet.
3. ***Brutal*** : bestial, impoli, grossier.

On est homme d'honneur * quand on n'est point cocu.
À le bien prendre au fond, pourquoi voulez-vous croire
Que de ce cas fortuit dépende notre gloire *,
Et qu'une âme bien née ait à se reprocher
L'injustice d'un mal qu'on ne peut empêcher ?
Pourquoi voulez-vous, dis-je, en prenant une femme,
Qu'on soit digne, à son choix, de louange ou de blâme,
Et qu'on s'aille former un monstre plein d'effroi
De l'affront que nous fait son manquement de foi ?
Mettez-vous dans l'esprit qu'on peut du cocuage
Se faire en galant homme [1] une plus douce image,
Que, des coups du hasard aucun n'étant garant [2],
Cet accident de soi doit être indifférent,
Et qu'enfin tout le mal, quoi que le monde glose [3],
N'est que dans la façon de recevoir la chose ;
Car, pour se bien conduire en ces difficultés,
Il y faut, comme en tout, fuir les extrémités.
N'imiter pas ces gens un peu trop débonnaires [4]
Qui tirent vanité de ces sortes d'affaires,
De leurs femmes toujours vont citant les galants *,
En font partout l'éloge, et prônent leurs talents,
Témoignent avec eux d'étroites sympathies,
Sont de tous leurs cadeaux *, de toutes leurs parties,
Et font qu'avec raison les gens sont étonnés
De voir leur hardiesse à montrer là leur nez.
Ce procédé*, sans doute *, est tout à fait blâmable ;
Mais l'autre extrémité n'est pas moins condamnable.
Si je n'approuve pas ces amis des galants *,
Je ne suis pas aussi pour ces gens turbulents

1. ***Galant homme*** : homme d'honneur, aux sentiments nobles, aux procédés délicats.
2. ***Garant*** : responsable.
3. ***Glose*** : critique, raille.
4. ***Débonnaires*** : cléments, d'une bonté qui va jusqu'à la faiblesse.

Dont l'imprudent chagrin *, qui tempête et qui gronde,
Attire au bruit qu'il fait les yeux de tout le monde,
Et qui, par cet éclat, semblent ne pas vouloir
Qu'aucun puisse ignorer ce qu'ils peuvent avoir.
Entre ces deux partis il en est un honnête,
Où dans l'occasion l'homme prudent s'arrête ;
Et quand on le sait prendre, on n'a point à rougir
Du pis [1] dont une femme avec nous puisse agir.
Quoi qu'on en puisse dire enfin, le cocuage
Sous des traits moins affreux aisément s'envisage ;
Et, comme je vous dis, toute l'habileté
Ne va qu'à le savoir tourner du bon côté.

ARNOLPHE

Après ce beau discours, toute la confrérie [2]
Doit un remerciement à Votre Seigneurie ;
Et quiconque voudra vous entendre parler
Montrera de la joie à s'y voir enrôler.

CHRYSALDE

Je ne dis pas cela, car c'est ce que je blâme ;
Mais, comme c'est le sort qui nous donne une femme,
Je dis que l'on doit faire ainsi qu'au jeu de dés,
Où, s'il ne vous vient pas ce que vous demandez,
Il faut jouer d'adresse, et d'une âme réduite [3]
Corriger le hasard par la bonne conduite.

ARNOLPHE

C'est-à-dire dormir et manger toujours bien,
Et se persuader que tout cela n'est rien.

---

1. ***Du pis*** : de la pire manière.
2. ***Confrérie*** : compagnie de personnes associées pour quelques exercices de piété. L'expression est ici ironique puisqu'elle renvoie au clan des cocus.
3. ***Réduite*** : soumise.

CHRYSALDE

Vous pensez vous moquer ; mais, à ne vous rien feindre,
Dans le monde je vois cent choses plus à craindre
Et dont je me ferais un bien plus grand malheur
Que de cet accident qui vous fait tant de peur.
Pensez-vous qu'à choisir de deux choses prescrites,
Je n'aimasse pas mieux être ce que vous dites,
Que de me voir mari de ces femmes de bien,
Dont la mauvaise humeur fait un procès sur rien,
Ces dragons de vertu [1], ces honnêtes * diablesses,
Se retranchant toujours sur leurs sages prouesses.
Qui, pour un petit tort qu'elles ne nous font pas,
Prennent droit de traiter les gens de haut en bas,
Et veulent, sur le pied de nous être fidèles [2],
Que nous soyons tenus à tout endurer d'elles ?
Encore un coup, compère, apprenez qu'en effet
Le cocuage n'est que ce que l'on le fait,
Qu'on peut le souhaiter pour de certaines causes,
Et qu'il a ses plaisirs comme les autres choses.

ARNOLPHE

Si vous êtes d'humeur à vous en contenter,
Quant à moi, ce n'est pas la mienne d'en tâter ;
Et plutôt que subir une telle aventure…

CHRYSALDE

Mon Dieu ! ne jurez point, de peur d'être parjure.
Si le sort l'a réglé, vos soins * sont superflus,
Et l'on ne prendra pas votre avis là-dessus.

ARNOLPHE

Moi, je serais cocu ?

---

1. ***Dragons de vertu*** : personnes d'une vertu farouche.
2. ***Sur le pied de nous être fidèles*** : sous prétexte qu'elles nous sont fidèles.

CHRYSALDE

Vous voilà bien malade !
Mille gens le sont bien, sans vous faire bravade[1],
Qui de mine, de cœur, de biens et de maison,
Ne feraient avec vous nulle comparaison.

ARNOLPHE

Et moi, je n'en voudrais avec eux faire aucune.
Mais cette raillerie, en un mot, m'importune :
Brisons là[2], s'il vous plaît.

CHRYSALDE

Vous êtes en courroux.
Nous en saurons la cause. Adieu. Souvenez-vous,
Quoi que sur ce sujet votre honneur * vous inspire,
Que c'est être à demi ce que l'on vient de dire,
Que de vouloir jurer qu'on ne le sera pas.

ARNOLPHE

Moi, je le jure encore, et je vais de ce pas
Contre cet accident trouver un bon remède.

Scène 9

ARNOLPHE, ALAIN, GEORGETTE

ARNOLPHE

Mes amis, c'est ici que j'implore votre aide.
Je suis édifié de[3] votre affection ;
Mais il faut qu'elle éclate en cette occasion ;
Et si vous m'y servez selon ma confiance,

---

1. ***Faire bravade*** : lancer un défi, un affront.
2. ***Brisons là*** : finissons-en, cessons de parler. L'expression est familière.
3. ***Édifié de*** : renseigné sur.

Vous êtes assurés de votre récompense.
L'homme que vous savez (n'en faites point de bruit)
Veut comme je l'ai su, m'attraper cette nuit,
Dans la chambre d'Agnès entrer par escalade ;
Mais il lui faut nous trois dresser une embuscade.
Je veux que vous preniez chacun un bon bâton,
Et, quand il sera près du dernier échelon
(Car dans le temps qu'il faut j'ouvrirai la fenêtre),
Que tous deux, à l'envi [1], vous me chargiez [2] ce traître,
Mais d'un air [3] dont son dos garde le souvenir,
Et qui lui puisse apprendre à n'y plus revenir :
Sans me nommer pourtant en aucune manière,
Ni faire aucun semblant [4] que je serai derrière.
Aurez-vous bien l'esprit [5] de servir mon courroux ?

ALAIN

S'il ne tient qu'à frapper, Monsieur, tout est à nous :
Vous verrez, quand je bats, si j'y vais de main morte.

GEORGETTE

La mienne, quoique aux yeux elle n'est pas si forte,
N'en quitte pas sa part à le bien étriller [6]

ARNOLPHE

Rentrez donc ; et surtout gardez de babiller [7].
Voilà pour le prochain une leçon utile ;
Et, si tous les maris qui sont en cette ville
De leurs femmes ainsi recevaient le galant *,
Le nombre des cocus ne serait pas si grand.

---

1. ***À l'envi*** : à qui mieux mieux.
2. ***Chargiez*** : frappiez, battiez.
3. ***D'un air*** : d'une manière.
4. ***Faire aucun semblant*** : laisser paraître en aucune manière.
5. ***L'esprit*** : l'aptitude.
6. ***Étriller*** : battre, malmener. Dans ce sens, le terme est familier.
7. ***Gardez de babiller*** : prenez garde de ne pas bavarder.

Acte V

Scène 1

ARNOLPHE, ALAIN, GEORGETTE

ARNOLPHE

Traîtres, qu'avez-vous fait par cette violence ?

ALAIN

Nous vous avons rendu, Monsieur, obéissance.

ARNOLPHE

De cette excuse en vain vous voulez vous armer :
L'ordre était de le battre, et non de l'assommer ;
Et c'était sur le dos, et non pas sur la tête,
Que j'avais commandé qu'on fît choir la tempête.
Ciel ! dans quel accident me jette ici le sort !
Et que puis-je résoudre [1] à voir cet homme mort ?
Rentrez dans la maison, et gardez de rien dire
De cet ordre innocent que j'ai pu vous prescrire.
Le jour s'en va paraître, et je vais consulter [2]

1. ***Résoudre*** : décider, arrêter.
2. ***Consulter*** : examiner, considérer.

Comment dans ce malheur je me dois comporter.
Hélas ! que deviendrai-je ? et que dira le père,
Lorsque inopinément il saura cette affaire ?

Scène 2

HORACE, ARNOLPHE

HORACE

Il faut que j'aille un peu reconnaître qui c'est.

ARNOLPHE

Eût-on jamais prévu… Qui va là, s'il vous plaît ?

HORACE

C'est vous, Seigneur Arnolphe ?

ARNOLPHE

Oui. Mais vous ?…

HORACE

C'est Horace.

Je m'en allais chez vous, vous prier d'une grâce.
Vous sortez bien matin !

ARNOLPHE, *bas.*

Quelle confusion !

Est-ce un enchantement ? est-ce une illusion ?

HORACE

J'étais, à dire vrai, dans une grande peine,
Et je bénis du Ciel la bonté souveraine
Qui fait qu'à point nommé je vous rencontre ainsi.
Je viens vous avertir que tout a réussi,
Et même beaucoup plus que je n'eusse osé dire,
Et par un incident qui devait tout détruire.

Je ne sais point par où l'on a pu soupçonner
Cette assignation [1] qu'on m'avait su donner ;
Mais, étant sur le point d'atteindre à [2] la fenêtre,
J'ai, contre mon espoir, vu quelques gens paraître,
Qui, sur moi brusquement levant chacun le bras,
M'ont fait manquer le pied et tomber jusqu'en bas.
Et ma chute, aux dépens [3] de quelque meurtrissure,
De vingt coups de bâton m'a sauvé [4] l'aventure.
Ces gens-là, dont était, je pense, mon jaloux,
Ont imputé ma chute à l'effort de leurs coups ;
Et, comme la douleur, un assez long espace [5],
M'a fait sans remuer demeurer sur la place,
Ils ont cru tout de bon qu'ils m'avaient assommé,
Et chacun d'eux s'en est aussitôt alarmé.
J'entendais tout leur bruit dans le profond silence ;
L'un l'autre ils s'accusaient de cette violence ;
Et, sans lumière aucune, en querellant [6] le sort,
Sont venus doucement tâter si j'étais mort :
Je vous laisse à penser si, dans la nuit obscure,
J'ai d'un vrai trépassé su tenir la figure.
Ils se sont retirés avec beaucoup d'effroi ;
Et, comme je songeais à me retirer, moi,
De cette feinte mort la jeune Agnès émue
Avec empressement est devers moi [7] venue ;
Car les discours qu'entre eux ces gens avaient tenus
Jusques à son oreille étaient d'abord venus,
Et pendant tout ce trouble étant moins observée,
Du logis aisément elle s'était sauvée ;

1. ***Assignation*** : rendez-vous.
2. ***Atteindre à*** : parvenir avec effort, difficulté.
3. ***Aux dépens*** : aux frais de.
4. ***M'a sauvé*** : m'a évité, épargné.
5. ***Espace*** : intervalle de temps, moment.
6. ***Querellant*** : accusant.
7. ***Devers moi*** : de mon côté.

Mais, me trouvant sans mal, elle a fait éclater
Un transport* difficile à bien représenter.
Que vous dirai-je ? Enfin cette aimable* personne
A suivi les conseils que son amour lui donne,
N'a plus voulu songer à retourner chez soi,
Et de tout son destin s'est commise à ma foi[1].
Considérez un peu, par ce trait d'innocence*,
Où l'expose d'un fou la haute impertinence[2],
Et quels fâcheux périls elle pourrait courir,
Si j'étais maintenant homme à la moins chérir.
Mais d'un trop pur amour mon âme est embrasée ;
J'aimerais mieux mourir que l'avoir abusée* ;
Je lui vois des appas* dignes d'un autre sort,
Et rien ne m'en saurait séparer que la mort.
Je prévois là-dessus l'emportement d'un père ;
Mais nous prendrons le temps d'apaiser sa colère.
À des charmes si doux je me laisse emporter,
Et dans la vie enfin il se faut contenter.
Ce que je veux de vous, sous un secret fidèle,
C'est que je puisse mettre en vos mains cette belle,
Que dans votre maison, en faveur de mes feux*,
Vous lui donniez retraite au moins un jour ou deux.
Outre qu'aux yeux du monde il faut cacher sa fuite,
Et qu'on en pourrait faire une exacte poursuite,
Vous savez qu'une fille aussi de sa façon
Donne avec un jeune homme un étrange soupçon ;
Et, comme c'est à vous, sûr de votre prudence,
Que j'ai fait de mes feux* entière confidence,
C'est à vous seul aussi, comme ami généreux[3],
Que je puis confier ce dépôt amoureux.

---

1. ***S'est commise à ma foi*** : s'est confiée à moi.
2. ***Impertinence*** : sottise, maladresse.
3. ***Généreux*** : au cœur noble.

ARNOLPHE

Je suis, n'en doutez point, tout à votre service.

HORACE

Vous voulez bien me rendre un si charmant office [1] ?

ARNOLPHE

Très volontiers, vous dis-je ; et je me sens ravir
De cette occasion que j'ai de vous servir,
Je rends grâces au Ciel de ce qu'il me l'envoie,
Et n'ai jamais rien fait avec si grande joie.

HORACE

Que je suis redevable à toutes vos bontés !
J'avais de votre part craint des difficultés ;
Mais vous êtes du monde [2], et dans votre sagesse
Vous savez excuser le feu de la jeunesse.
Un de mes gens la garde au coin de ce détour [3].

ARNOLPHE

Mais comment ferons-nous ? car il fait un peu jour ;
Si je la prends ici, l'on me verra peut-être ;
Et, s'il faut que chez moi vous veniez à paraître,
Des valets causeront. Pour jouer au plus sûr,
Il faut me l'amener dans un lieu plus obscur.
Mon allée [4] est commode, et je l'y vais attendre.

HORACE

Ce sont précautions qu'il est fort bon de prendre.
Pour moi, je ne ferai que vous la mettre en main,
Et chez moi, sans éclat, je retourne soudain [5].

---

1. ***Un si charmant office*** : un service qui me ferait tellement plaisir.
2. ***Vous êtes du monde*** : vous êtes familiarisé avec les usages de la bonne société.
3. ***Détour*** : angle de rue.
4. ***Allée*** : celle qui mène à la maison d'Arnolphe, et non celle qui mène à celle de M. de la Souche…
5. ***Soudain*** : promptement et sans perdre de temps.

ARNOLPHE, *seul.*

Ah ! fortune*, ce trait* d'aventure[1] propice
Répare tous les maux que m'a faits ton caprice !

Il s'enveloppe le nez de son manteau.

Scène 3

AGNÈS, ARNOLPHE, HORACE

HORACE

Ne soyez point en peine où je vais vous mener :
C'est un logement sûr que je vous fais donner.
Vous loger avec moi, ce serait tout détruire :
Entrez dans cette porte, et laissez-vous conduire.

Arnolphe lui prend la main sans qu'elle le reconnaisse.

AGNÈS

Pourquoi me quittez-vous ?

HORACE

Chère Agnès, il le faut.

AGNÈS

Songez donc, je vous prie, à revenir bientôt.

HORACE

J'en suis assez pressé par ma flamme amoureuse.

AGNÈS

Quand je ne vous vois point, je ne suis point joyeuse.

HORACE

Hors de votre présence, on me voit triste aussi.

---

1. ***D'aventure*** : du hasard.

AGNÈS

Hélas ! s'il était vrai, vous resteriez ici.

HORACE

Quoi ? vous pourriez douter de mon amour extrême !

AGNÈS

Non, vous ne m'aimez pas autant que je vous aime.

Arnolphe la tire.

Ah ! l'on me tire trop.

HORACE

C'est qu'il est dangereux,
Chère Agnès, qu'en ce lieu nous soyons vus tous deux ;
Et ce parfait ami de qui la main vous presse
Suit le zèle prudent qui pour nous l'intéresse [1].

AGNÈS

Mais suivre un inconnu que…

HORACE

N'appréhendez rien :
Entre de telles mains vous ne serez que bien.

AGNÈS

Je me trouverais mieux entre celles d'Horace.
Et j'aurais…

À Arnolphe qui la tire encore.

Attendez.

HORACE

Adieu : le jour me chasse.

AGNÈS

Quand vous verrai-je donc ?

1. ***Qui pour nous l'intéresse*** : qui entre dans nos intérêts.

HORACE

Bientôt. Assurément.

AGNÈS

Que je vais m'ennuyer[1] jusques à ce moment !

HORACE

Grâce au Ciel, mon bonheur n'est plus en concurrence[2],
Et je puis maintenant dormir en assurance.

Scène 4

ARNOLPHE, AGNÈS

ARNOLPHE, *le nez dans son manteau.*

Venez, ce n'est pas là que je vous logerai,
Et votre gîte ailleurs est par moi préparé :
Je prétends en lieu sûr mettre votre personne.
Me connaissez-vous* ?

AGNÈS, *le reconnaissant.*

Hay !

ARNOLPHE

Mon visage, friponne,
Dans cette occasion rend vos sens effrayés[3],
Et c'est à contrecœur qu'ici vous me voyez.
Je trouble en ses projets l'amour qui vous possède.

Agnès regarde si elle ne verra point Horace.

N'appelez point des yeux le galant* à votre aide :
Il est trop éloigné pour vous donner secours.
Ah ! ah ! si jeune encor, vous jouez de ces tours !

1. ***M'ennuyer*** : éprouver du tourment.
2. ***N'est plus en concurrence*** : n'est plus incertain.
3. ***Rend vos sens effrayés*** : donne de la frayeur à votre esprit.

Votre simplicité, qui semble sans pareille,
Demande si l'on fait les enfants par l'oreille ;
Et vous savez donner des rendez-vous la nuit,
Et pour suivre un galant * vous évader sans bruit !
Tudieu ! comme avec lui votre langue cajole [1] !
Il faut qu'on vous ait mise à quelque bonne école.
Qui diantre tout d'un coup vous en a tant appris ?
Vous ne craignez donc plus de trouver des esprits ?
Et ce galant *, la nuit, vous a donc enhardie ?
Ah ! coquine, en venir à cette perfidie ?
Malgré tous mes bienfaits former un tel dessein !
Petit serpent que j'ai réchauffé dans mon sein,
Et qui, dès qu'il se sent [2], par une humeur ingrate,
Cherche à faire du mal à celui qui le flatte [3] !

AGNÈS

Pourquoi me criez-vous [4] ?

ARNOLPHE

J'ai grand tort, en effet !

AGNÈS

Je n'entends point de mal dans tout ce que j'ai fait.

ARNOLPHE

Suivre un galant * n'est pas une action infâme ?

AGNÈS

C'est un homme qui dit qu'il me veut pour sa femme ;
J'ai suivi vos leçons et vous m'avez prêché
Qu'il se faut marier pour ôter le péché.

---

1. ***Cajole*** : dit des douceurs.
2. ***Se sent*** : commence à se connaître.
3. ***Flatte*** : traite avec douceur et ménagement.
4. ***Pourquoi me criez-vous*** : pourquoi me grondez-vous.

■ Agnès (Isabelle Adjani) et Arnolphe (Pierre Dux) dans *L'École des femmes*, mise en scène de Jean-Paul Roussillon (Comédie-Française, 1973).

ARNOLPHE

Oui. Mais pour femme, moi, je prétendais vous prendre ;
Et je vous l'avais fait, me semble, assez entendre.

AGNÈS

Oui. Mais, à vous parler franchement entre nous,
Il est plus pour cela selon mon goût que vous.
Chez vous le mariage est fâcheux et pénible,
Et vos discours en font une image terrible ;
Mais, las [1] ! il le fait, lui, si rempli de plaisirs,
Que de se marier il donne des désirs.

ARNOLPHE

Ah ! c'est que vous l'aimez, traîtresse !

AGNÈS

Oui, je l'aime.

ARNOLPHE

Et vous avez le front de le dire à moi-même !

AGNÈS

Et pourquoi, s'il est vrai, ne le dirais-je pas ?

ARNOLPHE

Le deviez-vous aimer, impertinente ?

AGNÈS

Hélas !
Est-ce que j'en puis mais [2] ? Lui seul en est la cause ;
Et je n'y songeais pas lorsque se fit la chose.

ARNOLPHE

Mais il fallait chasser cet amoureux désir.

---

1. ***Las*** : interjection plaintive équivalant à « hélas ».

2. ***Est-ce que j'en puis mais ?*** : est-ce que j'y peux quelque chose ?

AGNÈS
Le moyen de chasser ce qui fait du plaisir ?

ARNOLPHE
Et ne savez-vous pas que c'était me déplaire ?

AGNÈS
Moi ? point du tout. Quel mal cela vous peut-il faire ?

ARNOLPHE
Il est vrai, j'ai sujet d'en être réjoui.
Vous ne m'aimez donc pas, à ce compte ?

AGNÈS
Vous ?

ARNOLPHE
Oui.

AGNÈS
Hélas ! non.

ARNOLPHE
Comment, non ?

AGNÈS
Voulez-vous que je mente ?

ARNOLPHE
Pourquoi ne m'aimer pas, Madame l'impudente ?

AGNÈS
Mon Dieu ! ce n'est pas moi que vous devez blâmer :
Que ne vous êtes-vous, comme lui, fait aimer ?
Je ne vous en ai pas empêché, que je pense.

ARNOLPHE
Je m'y suis efforcé de toute ma puissance ;
Mais les soins * que j'ai pris, je les ai perdus tous.

AGNÈS

Vraiment, il en sait donc là-dessus plus que vous ;
Car à se faire aimer il n'a point eu de peine.

ARNOLPHE

Voyez comme raisonne et répond la vilaine !
Peste ! une précieuse en dirait-elle plus ?
Ah ! je l'ai mal connue ; ou, ma foi ! là-dessus
Une sotte * en sait plus que le plus habile * homme.
Puisque en raisonnements votre esprit se consomme [1],
La belle raisonneuse, est-ce qu'un si long temps
Je vous aurai pour lui nourrie [2] à mes dépens ?

AGNÈS

Non. Il vous rendra tout jusques au dernier double [3].

ARNOLPHE

Elle a de certains mots où mon dépit redouble.
Me rendra-t-il, coquine, avec tout son pouvoir,
Les obligations que vous pouvez m'avoir ?

AGNÈS

Je ne vous en ai pas d'aussi grandes qu'on pense.

ARNOLPHE

N'est-ce rien que les soins d'élever votre enfance ?

AGNÈS

Vous avez là dedans [4] bien opéré vraiment,
Et m'avez fait en tout instruire joliment !

---

1. ***Se consomme*** : s'applique.
2. ***Nourrie*** : le terme est à prendre au sens concret d'« alimentée », mais aussi figuré d'« élevée ».
3. ***Jusques au dernier double*** : jusqu'au dernier centime. Le double était une petite pièce ronde de cuivre qui portait d'un côté la figure du roi et de l'autre trois fleurs de lis ; elle représentait la sixième partie du sou, ou deux deniers.
4. ***Là dedans*** : dans ce domaine.

Croit-on que je me flatte, et qu'enfin, dans ma tête,
Je ne juge pas bien que je suis une bête * ?
Moi-même, j'en ai honte ; et, dans l'âge où je suis,
Je ne veux plus passer pour sotte *, si je puis.

ARNOLPHE

Vous fuyez l'ignorance, et voulez, quoi qu'il coûte,
Apprendre du blondin * quelque chose ?

AGNÈS

Sans doute *.
C'est de lui que je sais ce que je puis savoir :
Et beaucoup plus qu'à vous je pense lui devoir.

ARNOLPHE

Je ne sais qui me tient [1] qu'avec une gourmade [2]
Ma main de ce discours ne venge la bravade.
J'enrage quand je vois sa piquante froideur,
Et quelques coups de poing satisferaient mon cœur.

AGNÈS

Hélas ! vous le pouvez, si cela peut vous plaire.

ARNOLPHE

Ce mot, et ce regard, désarme ma colère,
Et produit un retour de tendresse de cœur,
Qui de son action efface la noirceur.
Chose étrange d'aimer, et que pour ces traîtresses
Les hommes soient sujets à de telles faiblesses !
Tout le monde connaît leur imperfection :
Ce n'est qu'extravagance et qu'indiscrétion [3] ;
Leur esprit est méchant [4], et leur âme fragile ;

---

1. ***Qui me tient*** : ce qui me retient.
2. ***Gourmade*** : coup de poing (le terme est familier).
3. ***Indiscrétion*** : manque de discernement ou de jugement.
4. ***Méchant*** : sans valeur, sans compétence.

Il n'est rien de plus faible et de plus imbécile[1],
Rien de plus infidèle ; et, malgré tout cela,
Dans le monde on fait tout pour ces animaux-là.
Hé bien ! faisons la paix. Va, petite traîtresse,
Je te pardonne tout, et te rends ma tendresse.
Considère par là l'amour que j'ai pour toi,
Et me voyant si bon, en revanche aime-moi.

AGNÈS

Du meilleur de mon cœur je voudrais vous complaire :
Que me coûterait-il, si je le pouvais faire ?

ARNOLPHE

Mon pauvre petit bec[2], tu le peux si tu veux.

Il fait un soupir.

Écoute seulement ce soupir amoureux,
Vois ce regard mourant, contemple ma personne,
Et quitte ce morveux et l'amour qu'il te donne.
C'est quelque sort qu'il faut qu'il ait jeté sur toi,
Et tu seras cent fois plus heureuse avec moi.
Ta forte passion est d'être brave[3] et leste[4] :
Tu le seras toujours, va, je te le proteste[5] ;
Sans cesse, nuit et jour, je te caresserai,
Je te bouchonnerai[6], baiserai[7], mangerai ;
Tout comme tu voudras, tu pourras te conduire :
Je ne m'explique point, et cela, c'est tout dire.

À part.

Jusqu'où la passion peut-elle faire aller ?

---

1. ***Imbécile*** : faible, sans vigueur.
2. ***Bec*** : minois.
3. ***Brave*** : vêtue, parée de beaux habits (le terme est familier).
4. ***Leste*** : pimpante et élégante. Le mot est vieilli dans ce sens.
5. ***Je te le proteste*** : je te le promets fortement, déclare solennellement.
6. ***Bouchonnerai*** : cajolerai, caresserai. Le terme est familier et ne s'emploie généralement que pour les enfants… ou les chevaux.
7. ***Baiserai*** : embrasserai (sans connotation vulgaire).

Enfin, à mon amour rien ne peut s'égaler :
Quelle preuve veux-tu que je t'en donne, ingrate ?
Me veux-tu voir pleurer ? Veux-tu que je me batte ?
Veux-tu que je m'arrache un côté de cheveux ?
Veux-tu que je me tue ? Oui, dis si tu le veux :
Je suis tout prêt, cruelle, à te prouver ma flamme.

AGNÈS

Tenez, tous vos discours ne me touchent point l'âme :
Horace avec deux mots en ferait plus que vous.

ARNOLPHE

Ah ! c'est trop me braver, trop pousser mon courroux,
Je suivrai mon dessein, bête trop indocile,
Et vous dénicherez [1] à l'instant de la ville.
Vous rebutez mes vœux, et me mettez à bout ;
Mais un cul de couvent [2] me vengera de tout.

Scène 5

ARNOLPHE, AGNÈS, ALAIN

ALAIN

Je ne sais ce que c'est, Monsieur, mais il me semble
Qu'Agnès et le corps mort s'en sont allés ensemble.

ARNOLPHE

La voici. Dans ma chambre allez me la nicher :
Ce ne sera pas là qu'il la viendra chercher ;
Et puis c'est seulement pour une demi-heure :
Je vais, pour lui donner une sûre demeure,
Trouver une voiture. Enfermez-vous des mieux,

---

1. ***Dénicherez*** : sortirez précipitamment.
2. ***Cul de couvent*** : le lieu le mieux gardé, le plus resserré d'un couvent.

Et surtout gardez-vous de la quitter des yeux.
Peut-être que son âme, étant dépaysée,
Pourra de cet amour être désabusée.

Scène 6

ARNOLPHE, HORACE

HORACE

Ah ! je viens vous trouver, accablé de douleur.
Le Ciel, Seigneur Arnolphe, a conclu [1] mon malheur ;
Et par un trait fatal d'une injustice extrême,
On me veut arracher de la beauté que j'aime.
Pour arriver ici mon père a pris le frais [2] ;
J'ai trouvé qu'il mettait pied à terre ici près ;
Et la cause, en un mot, d'une telle venue,
Qui, comme je disais, ne m'était pas connue,
C'est qu'il m'a marié sans m'en récrire [3] rien,
Et qu'il vient en ces lieux célébrer ce lien.
Jugez, en prenant part à mon inquiétude,
S'il pouvait m'arriver un contretemps plus rude.
Cet Enrique, dont hier je m'informais à vous,
Cause tout le malheur dont je ressens les coups ;
Il vient avec mon père achever ma ruine *,
Et c'est sa fille unique à qui l'on me destine.
J'ai, dès leurs premiers mots, pensé m'évanouir ;
Et d'abord *, sans vouloir plus longtemps les ouïr,
Mon père ayant parlé de vous rendre visite,
L'esprit plein de frayeur je l'ai devancé vite.

---

1. ***Conclu*** : réglé définitivement.
2. ***A pris le frais*** : est parti de bonne heure (aux heures fraîches de la journée).
3. ***Récrire*** : écrire une seconde fois. Son père a déjà écrit à Horace (v. 267) pour lui annoncer sa venue.

De grâce, gardez-vous de lui rien découvrir
De mon engagement qui le pourrait aigrir ;
Et tâchez, comme en vous il prend grande créance [1],
De le dissuader de cette autre alliance.

ARNOLPHE

Oui-da [2].

HORACE

Conseillez-lui de différer un peu,
Et rendez, en ami, ce service à mon feu *.

ARNOLPHE

Je n'y manquerai pas.

HORACE

C'est en vous que j'espère.

ARNOLPHE

Fort bien.

HORACE

Et je vous tiens mon véritable père.
Dites-lui que mon âge… Ah ! je le vois venir :
Écoutez les raisons que je vous puis fournir.

Ils demeurent en un coin du théâtre.

Scène 7

ENRIQUE, ORONTE, CHRYSALDE, HORACE, ARNOLPHE

ENRIQUE, *à Chrysalde.*

Aussitôt qu'à mes yeux je vous ai vu paraître,
Quand on ne m'eût rien dit, j'aurais su vous connaître *.
Je vous vois tous les traits de cette aimable * sœur
Dont l'hymen autrefois m'avait fait possesseur ;

---

1. *Créance* : confiance.
2. *Oui-da* : forme renforcée de « oui ».

Et je serais heureux, si la Parque[1] cruelle
M'eût laissé ramener cette épouse fidèle,
Pour jouir avec moi des sensibles douceurs
De revoir tous les siens après nos longs malheurs.
Mais puisque du destin la fatale puissance
Nous prive pour jamais de sa chère présence,
Tâchons de nous résoudre, et de nous contenter
Du seul fruit amoureux qui m'en ait pu rester.
Il vous touche de près ; et, sans votre suffrage[2],
J'aurais tort de vouloir disposer de ce gage.
Le choix du fils d'Oronte est glorieux de soi ;
Mais il faut que ce choix vous plaise comme à moi.

CHRYSALDE

C'est de mon jugement avoir mauvaise estime
Que douter si j'approuve un choix si légitime.

ARNOLPHE, *à Horace.*

Oui, je vais vous servir de la bonne façon.

HORACE

Gardez, encore un coup…

ARNOLPHE

N'ayez aucun soupçon.

---

1. ***Parque*** : déesse latine qui représente la toute-puissance du Destin. Les Parques mesurent la vie de chacun à l'aide d'un fil de laine : Clotho, protectrice de la naissance, tient la quenouille ; Lachésis, qui préside au mariage, tourne le fuseau et Atropos, cruelle et inflexible, coupe le fil avec ses ciseaux et signe la mort de l'individu.
2. ***Suffrage*** : adhésion, approbation.

ORONTE, *à Arnolphe.*

Ah ! que cette embrassade est pleine de tendresse !

ARNOLPHE

Que je sens à vous voir une grande allégresse !

ORONTE

Je suis ici venu…

ARNOLPHE

Sans m'en faire récit,
Je sais ce qui vous mène [1].

ORONTE

On vous l'a déjà dit.

ARNOLPHE

Oui.

ORONTE

Tant mieux.

ARNOLPHE

Votre fils à cet hymen résiste,
Et son cœur prévenu [2] n'y voit rien que de triste :
Il m'a même prié de vous en détourner ;
Et moi, tout le conseil que je vous puis donner,
C'est de ne pas souffrir * que ce nœud * se diffère,
Et de faire valoir l'autorité de père.
Il faut avec vigueur ranger [3] les jeunes gens,
Et nous faisons contre eux [4] à leur être indulgents.

---

1. ***Ce qui vous mène*** : ce qui vous amène.
2. ***Prévenu*** : qui se méfie.
3. ***Ranger*** : imposer ses lois, obliger à obéir.
4. ***Nous faisons contre eux*** : nous agissons contre leurs intérêts.

HORACE

Ah ! traître !

CHRYSALDE

Si son cœur a quelque répugnance,
Je tiens qu'on ne doit pas lui faire résistance.
Mon frère, que je crois [1], sera de mon avis.

ARNOLPHE

Quoi ? se laissera-t-il gouverner par son fils ?
Est-ce que vous voulez qu'un père ait la mollesse
De ne savoir pas faire obéir la jeunesse ?
Il serait beau, vraiment, qu'on le vît aujourd'hui
Prendre loi de qui doit la recevoir de lui !
Non, non : c'est mon intime, et sa gloire * est la mienne :
Sa parole est donnée, il faut qu'il la maintienne,
Qu'il fasse voir ici de fermes sentiments,
Et force [2] de son fils tous les attachements.

ORONTE

C'est parler comme il faut, et, dans cette alliance,
C'est moi qui vous réponds de son obéissance.

CHRYSALDE, *à Arnolphe.*

Je suis surpris, pour moi, du grand empressement
Que vous me faites voir pour cet engagement,
Et ne puis deviner quel motif vous inspire...

ARNOLPHE

Je sais ce que je fais, et dis ce qu'il faut dire.

ORONTE

Oui, oui, seigneur Arnolphe, il est...

---

1. ***Que je crois*** : à ce que je crois.
2. ***Force*** : surmonte, vainque.

CHRYSALDE

Ce nom l'aigrit ;
C'est Monsieur de la Souche, on vous l'a déjà dit.

ARNOLPHE

Il n'importe.

HORACE

Qu'entends-je !

ARNOLPHE, *se retournant vers Horace.*

Oui, c'est là le mystère.
Et vous pouvez juger ce que je devais faire.

HORACE

En quel trouble...

Scène 8

GEORGETTE, ENRIQUE, ORONTE, CHRYSALDE, HORACE, ARNOLPHE

GEORGETTE

Monsieur, si vous n'êtes auprès [1],
Nous aurons de la peine à retenir Agnès ;
Elle veut à tous coups s'échapper, et peut-être
Qu'elle se pourrait bien jeter par la fenêtre.

ARNOLPHE

Faites-la-moi venir ; aussi bien de ce pas
Prétends-je l'emmener ; ne vous en fâchez pas :
Un bonheur continu rendrait l'homme superbe [2] ;
Et chacun à son tour, comme dit le proverbe.

---

1. *Si vous n'êtes auprès* : si vous ne vous tenez pas tout près.
2. *Superbe* : orgueilleux.

HORACE

Quels maux peuvent, ô Ciel ! égaler mes ennuis * !
Et s'est-on jamais vu dans l'abîme où je suis !

ARNOLPHE, *à Oronte.*

Pressez vite le jour de la cérémonie :
J'y prends part, et déjà moi-même je m'en prie [1].

ORONTE

C'est bien notre dessein.

Scène 9

AGNÈS, ALAIN, GEORGETTE, ORONTE, ENRIQUE, ARNOLPHE, HORACE, CHRYSALDE

ARNOLPHE, *à Agnès.*

Venez, belle, venez,
Qu'on ne saurait tenir, et qui vous mutinez.
Voici votre galant *, à qui, pour récompense,
Vous pouvez faire une humble et douce révérence.
Adieu. L'événement trompe un peu vos souhaits ;
Mais tous les amoureux ne sont pas satisfaits.

AGNÈS

Me laissez-vous, Horace, emmener de la sorte ?

HORACE

Je ne sais où j'en suis, tant ma douleur est forte.

ARNOLPHE

Allons, causeuse, allons.

---

1. ***Je m'en prie*** : je m'y convie.

AGNÈS
Je veux rester ici.

ORONTE
Dites-nous ce que c'est que ce mystère-ci.
Nous nous regardons tous, sans le pouvoir comprendre.

ARNOLPHE
Avec plus de loisir je pourrai vous l'apprendre.
Jusqu'au revoir.

ORONTE
Où donc prétendez-vous aller ?
Vous ne nous parlez point comme il nous faut parler.

ARNOLPHE
Je vous ai conseillé, malgré tout son murmure,
D'achever l'hyménée.

ORONTE
Oui. Mais pour le conclure,
Si l'on vous a dit tout, ne vous a-t-on pas dit
Que vous avez chez vous celle dont il s'agit,
La fille qu'autrefois, de l'aimable* Angélique,
Sous des liens secrets, eut le seigneur Enrique ?
Sur quoi votre discours était-il donc fondé ?

CHRYSALDE
Je m'étonnais* aussi de voir son procédé*.

ARNOLPHE
Quoi ?...

CHRYSALDE
D'un hymen secret ma sœur eut une fille,
Dont on cacha le sort à toute la famille.

ORONTE

Et qui, sous de feints noms, pour ne rien découvrir,
Par son époux aux champs fut donnée à nourrir.

CHRYSALDE

Et dans ce temps, le sort, lui déclarant la guerre,
L'obligea de sortir de sa natale terre.

ORONTE

Et d'aller essuyer mille périls divers
Dans ces lieux séparés de nous par tant de mers.

CHRYSALDE

Où ses soins * ont gagné ce que dans sa patrie
Avaient pu lui ravir l'imposture et l'envie.

ORONTE

Et, de retour en France, il a cherché d'abord *
Celle à qui de sa fille il confia le sort.

CHRYSALDE

Et cette paysanne a dit avec franchise
Qu'en vos mains à quatre ans elle l'avait remise.

ORONTE

Et qu'elle l'avait fait sur votre charité [1],
Par un accablement d'extrême pauvreté.

CHRYSALDE

Et lui, plein de transport * et l'allégresse en l'âme,
A fait jusqu'en ces lieux conduire cette femme.

ORONTE

Et vous allez enfin la voir venir ici,
Pour rendre aux yeux de tous ce mystère éclairci.

---

1. ***Sur votre charité*** : en s'appuyant sur votre charité.

CHRYSALDE

Je devine à peu près quel est votre supplice ;
Mais le sort en cela ne vous est que propice :
Si n'être point cocu vous semble un si grand bien,
Ne vous point marier en est le vrai moyen.

ARNOLPHE, *s'en allant tout transporté, et ne pouvant parler.*

Oh !

ORONTE

D'où vient qu'il s'enfuit sans rien dire ?

HORACE

Ah ! mon père,
Vous saurez pleinement ce surprenant mystère.
Le hasard en ces lieux avait exécuté
Ce que votre sagesse avait prémédité :
J'étais, par les doux nœuds * d'une ardeur mutuelle
Engagé de parole avec que cette belle ;
Et c'est elle, en un mot, que vous venez chercher,
Et pour qui mon refus a pensé [1] vous fâcher.

ENRIQUE

Je n'en ai point douté d'abord * que je l'ai vue,
Et mon âme depuis n'a cessé d'être émue.
Ah ! ma fille, je cède à des transports * si doux.

CHRYSALDE

J'en ferais de bon cœur, mon frère, autant que vous,
Mais ces lieux et cela ne s'accommodent guère.
Allons dans la maison débrouiller ces mystères,
Payer à notre ami ses soins * officieux [2],
Et rendre grâce au Ciel qui fait tout pour le mieux.

---

1. ***A pensé*** : a été sur le point de.
2. ***Officieux*** : obligeants, pleins de sollicitude. Le terme est ici ironique.

GLOSSAIRE

D'ABORD : dès l'abord, aussitôt (épître à Madame, préface, v. 254, 313, 894, 1154, 1639, 1750, 1772).

ABUSER : tromper, séduire (v. 592, 932, lettre d'Agnès, 1417).

ADMIRER : considérer avec surprise, avec étonnement (v. 159, 257, 605, 682, 856, 916, 923).

AIMABLE : digne d'être aimée (v. 337, 1408, 1736, 1654).

APPAS : artifice, ruse (v. 185, 838, 995, 1418).

BÊTE : personne qui n'a pas de préoccupations intellectuelles ou de vie spirituelle (v. 107, 110, 223, 1557).

BILE : l'une des quatre humeurs fondamentales, à l'origine de la colère, d'après la médecine de l'époque (v. 451, 1017).

BIZARRE : extravagant. Le terme est plus fort qu'aujourd'hui (v. 340, 930).

BLONDINS : jeunes galants, à la perruque blonde (v. 596, 645, 722, 1208, 1561).

CADEAUX : divertissements offerts à des dames et consistant principalement en repas fins, chez soi ou à la campagne (v. 800, 1257).

CHAGRIN (adj.) : morose (v. 349, 446).

CHAGRIN (subst.) : irritation, colère (préface, v. 413, 843, 1221, 1264).

COMMERCE : relation, fréquentation (v. 320, 366, 632, 863).

CONNAÎTRE : reconnaître (v. 1172, 1485, 1653).

DAMOISEAU : jeune homme coquet, qui fait le beau auprès des dames. Le terme est péjoratif (v. 33, 378, 651).

ENNUI : désespoir, tourment. Le sens est plus fort qu'aujourd'hui (v. 375, 446, 1166, 1714).

ÉTONNER : causer un ébranlement moral (v. 893) ; trouver étrange, singulier (v. 914, 1739).

FAIT : affaire (v. 141, 276, 368, 1228).

FEU, FEUX : flamme amoureuse. L'expression appartient à la langue galante (v. 927, 1426, 1433, 1647).

FORTUNE, BONNE FORTUNE : chance, succès (v. 300, 836) ; sort, hasard (v. 860, 1456).

GALANT : homme qui cherche à plaire aux femmes (v. 35, 38, 292, 591, 1102, 1227, 1254, 1262, 1350, 1489, 1495, 1500, 1508, 1720).

GALANT (adj.) : délicat, gracieux, distingué (préface, v. 773, 1210).

GLOIRE : honneur, réputation. Le terme se trouve fréquemment chez Corneille (épître à Madame, v. 1237, 1692).

HABILE : intelligent, cultivé (v. 84, 820, 1544).

HEUR : chance, bonheur (v. 680, 1180).

HONNÊTE : qui est irréprochable dans sa conduite quant à la chasteté (v. 108, 248, 634, 747, 1111, 1296).

HONNÊTETÉ : ensemble des qualités (pudeur, modestie, chasteté) qui rendent une femme honorable (v. 106, 609, 658).

HONNEUR : 1) pour un homme, bonne réputation que lui vaut la fidélité de son épouse (v. 250, 381, 724, 725, 831, 987, 1095, 1097, 1235, 1320) ; 2) pour une femme, comportement honnête, pudique et chaste (v. 656, 733, 763, 766, 790).

INNOCENCE : simplicité d'une personne qui ne connaît ni les choses ni les personnes (v. 79, 156, 163, 589, 647, 813, 1412).

INNOCENTE : pure et sans malice (liste des personnages, v. 140, 543, 909, 943, 979, 1187).

INQUIÉTER, S'INQUIÉTER : ne pas laisser en repos, être dans l'agitation (v. 236, 428).

INTELLIGENCE : accord, bonne entente (v. 380, 888, 1184).

NŒUD : mariage (v. 690, 1680, 1768).

OBJET : femme aimée. Le terme appartient à la langue précieuse (v. 317, 1207).

OUF ! : cette interjection exprime à l'époque la douleur, et non comme aujourd'hui le soulagement (v. 393, 572).

PÂTIR : souffrir (v. 406, 987).

POLITIQUE : règles de conduite, principes dont on se sert pour arriver à ses fins (v. 136, 787, 1197).

PROCÉDÉ : manière de faire (v. 61, 638, 1260, 1739).

RUINE : perte, destruction (v. 531, 1636).

SANS DOUTE : assurément, sans aucun doute (épître à Madame, préface, v. 371, 482, 557, 893, 952, 1162, 1260, 1561).

SANS SECONDE : sans égale (v. 319, 519, 559).

SI FAIT : bien sûr que si (v. 227, 251, 574).

SOIN : souci (v. 14, 29, 757) ; effort (v. 657, 950, 1131, 1185, 1310, 1538, 1748, 1778).

SOT : autre mot pour désigner la dupe, le mari trompé (v. 45, 82).

SOTTE : innocente (v. 81, 82, 104, 119, 1544, 1559).

SOUFFRIR : supporter, endurer (v. 16, 53, 189, 566, 1227) ; tolérer, permettre (v. 395, 471, 1680).

SOUPER : prendre le repas du soir. On dirait aujourd'hui dîner (v. 152, 671, 1216).

TANTÔT : bientôt, prochainement (v. 242, 352, 802) ; il y a peu de temps (v. 854, 1103).

TÔT : vite (v. 401, 1122).

TRAIT : action (v. 898, 1003, 1163, 1456).

TRANSPORT : agitation, trouble (v. 1018, 1407, 1756, 1774).

■ Molière en costume d'Arnolphe.
Détail d'un tableau anonyme du XVIIe siècle représentant les *Farceurs français et italiens* (Comédie-Française).

DOSSIER

- À la découverte de l'œuvre
- Si c'était un proverbe...
- Parlez-moi d'amour
- Qui a dit quoi ?
- À la recherche du temps perdu
- Comique ? vous avez dit comique ?
- Les femmes à l'école ?
- Deux précautions valent mieux qu'une
- D'une école à l'autre
- On n'est jamais mieux servi que par soi-même
- Graine d'auteur

À la découverte de l'œuvre

En exploitant la couverture du livre, mais aussi la page de titre de l'édition originale (p. 4) et le frontispice de l'édition de 1682 (p. 33), répondez aux questions suivantes :

1. À quel genre appartient l'œuvre ? De quand date-t-elle ?
2. Quelle est l'importance de *L'École des femmes* dans la carrière de Molière ?
3. Où et quand semble se dérouler l'action ?
4. Quels renseignements possédez-vous sur les personnages de l'œuvre ?
5. Comment pouvez-vous comprendre le titre ? Quelles questions vous suggère-t-il ?

Si c'était un proverbe...

Si Horace et Arnolphe tiraient une leçon de la pièce, quels seraient les proverbes qu'ils choisiraient ? Pourquoi ? Pourraient-ils se mettre d'accord sur deux sentences communes ? Lesquelles ? Pourquoi ?

	• Défiance est mère de sûreté
	• Il ne faut jurer de rien
	• Il n'est pire eau que l'eau qui dort
	• Il y a loin de la coupe aux lèvres
	• Nécessité fait loi
Arnolphe •	• Tel est pris qui croyait prendre
Horace •	• Un homme averti en vaut deux
	• Trop de précaution nuit
	• Toute vérité n'est pas bonne à dire
	• Ce que femme veut, Dieu le veut
	• Tout est bien qui finit bien

Parlez-moi d'amour

Complétez la grille ci-contre à partir de mots extraits du texte, en sachant que les termes ont un lien, de près ou de loin, avec l'un des thèmes principaux de la pièce.

Horizontalement

A. Il fait le joli cœur auprès des femmes
B. Femme aimée
C. Cocu classique
D. Cocu populaire
E. Amour
F. Il aime les perruques blondes
G. Affliction

Verticalement

1. Liaison
2. User de ses charmes pour séduire
3. Festin d'amoureux
4. Lien du mariage
5. Homme en quête d'aventures amoureuses
6. Il plaît par son physique gracile
7. Elle n'entend aucune malice
8. Connivence

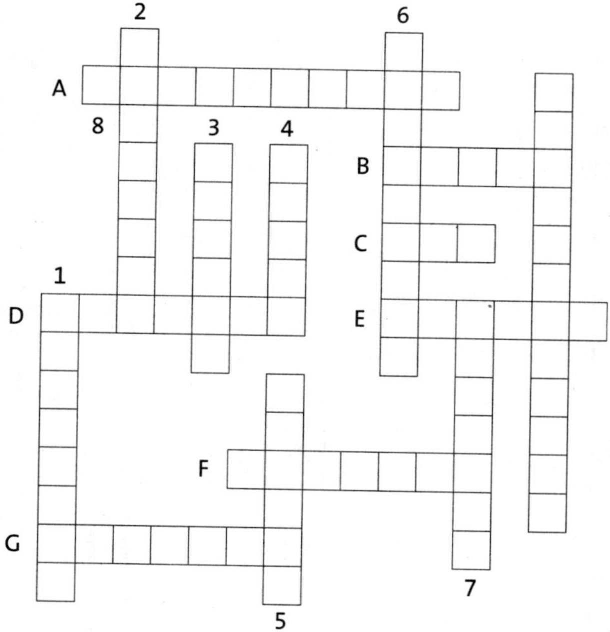
2
6
A
8
3
4
B
C
1
D
E
F
G
7
5

Qui a dit quoi ?

Retrouvez l'emplacement des citations suivantes dans la pièce (acte, scène, vers) et indiquez brièvement dans quelles circonstances elles ont été prononcées et par qui.

Citations	Acte	Scène	Vers	Personnages	Circonstances
Épouser une sotte est pour n'être point sot.					
Et c'est assez pour elle, à vous en bien parler, De savoir prier Dieu, m'aimer, coudre et filer.					
Il le faut avouer, l'amour est un grand maître.					
La femme est en effet le potage de l'homme.					
Le petit chat est mort.					
Si n'être point cocu vous semble un si grand bien, Ne vous point marier en est le vrai moyen.					
Tenez, tous vos discours ne me touchent point l'âme : Horace avec deux mots en ferait plus que vous.					
Votre sexe n'est là que pour la dépendance : Du côté de la barbe est la toute-puissance.					

À la recherche du temps perdu

Reconstituez la chronologie des événements en utilisant le texte et trois échelles différentes afin de pouvoir replacer les événements suivants :

A. la naissance d'Arnolphe
B. la naissance d'Agnès
C. la mort de la vieille entremetteuse
D. le départ d'Enrique pour l'Amérique
E. le départ d'Arnolphe pour la campagne
F. l'adoption d'Agnès par Arnolphe
G. la première entrevue d'Horace et d'Agnès
H. la dernière entrevue entre Oronte et Arnolphe
I. la discussion entre Arnolphe et Chrysalde sur les « plaisirs » du cocuage
J. l'arrivée d'Horace en ville
K. l'arrivée d'Oronte et Enrique en ville
L. l'arrivée de Chrysalde pour manger chez Arnolphe
M. l'embuscade

Qu'en concluez-vous sur :

1. la différence d'âge entre Arnolphe et Agnès
2. le moment de la journée où commence approximativement l'action
3. la saison à laquelle se déroule l'action
4. le respect de l'unité de temps dans la pièce

Comique ? vous avez dit comique ?

Quelle est la nature du comique dans les passages indiqués ? Plusieurs réponses sont quelquefois possibles.

A. Acte I, scène 2, v. 205-215.
B. Acte I, scène 2, v. 226-230.
C. Acte I, scène 4, v. 327-336.
D. Acte II, scène 5, v. 641-642.
E. Acte V, scène 4, v. 1587-1604.

Les femmes à l'école ?

Dans sa comédie, Molière pose implicitement le problème de l'instruction des jeunes filles. Sans être encore une question brûlante, c'est néanmoins un thème d'actualité car d'autres auteurs contemporains du dramaturge s'y intéressent. C'est le cas de Fénelon, précepteur chargé de l'éducation du Dauphin, qui consacre un ouvrage entier à la question, *De l'éducation des filles* (1687). Dans cet extrait, l'auteur cherche à définir précisément les devoirs des femmes.

Venons-en clairement au détail des choses dont une femme doit être instruite.

Quels sont ses emplois ? Elle est chargée de l'éducation de ses enfants ; des garçons jusqu'à un certain âge, des filles jusqu'à ce qu'elles se marient, ou se fassent religieuses ; de la conduite des domestiques, de leurs mœurs, de leur service, du détail de la dépense, des moyens de faire tout avec économie et honorablement ; d'ordinaire même, de faire les fermes, et de recevoir les revenus.

La science des femmes, comme celle des hommes, doit se borner à s'instruire par rapport à leurs fonctions, la différence de leurs emplois doit faire celle de leurs études. Il faut donc borner l'instruction des femmes aux choses que nous venons de dire. Mais une femme curieuse trouvera que c'est donner des bornes bien étroites à sa curiosité : elle se trompe ; c'est qu'elle ne connaît pas l'importance et l'étendue des choses dont je lui propose de s'instruire.

Quel discernement lui faut-il pour connaître le naturel et le génie de chacun de ses enfants, pour trouver la manière de se conduire avec eux la plus propre à découvrir leur humeur, leur pente, leur talent, à prévenir les passions naissantes, à leur persuader les bonnes maximes, et à guérir leurs erreurs ! Quelle prudence doit-elle avoir pour acquérir et conserver sur eux l'autorité, sans perdre l'amitié et la confiance ! Mais n'a-t-elle pas besoin d'observer et de connaître à fond les gens qu'elle met auprès d'eux ? Sans doute. Une mère de famille doit donc être pleinement instruite de la religion et avoir un esprit mûr, ferme, appliqué, et expérimenté pour le gouvernement.

Peut-on douter que les femmes ne soient chargées de tous ces soins puisqu'ils tombent naturellement sur elles pendant la vie même de leurs maris occupés au-dehors ? Ils les regardent encore de plus près si elles deviennent veuves. Enfin saint Paul attache tellement en général leur salut à l'éducation de leurs enfants, qu'il assure que c'est par eux qu'elles se sauveront.

Fénelon, *De l'éducation des filles* (1687), ch. XI.

1. Selon Fénelon, quelles sont les tâches inhérentes aux femmes ? Quelle vision de la femme offrent-elles ?
2. À quel passage de *L'École des femmes* pourriez-vous comparer ce texte ? Sur quels points pourriez-vous les rapprocher ? Sur lesquels pourriez-vous les différencier ?

Deux précautions valent mieux qu'une

Scarron, *La Précaution inutile*

Voici un extrait de l'une des principales sources de Molière pour *L'École des femmes*. Il s'agit de la première des *Nouvelles tragi-comiques* (1655) de Paul Scarron, *La Précaution inutile*, qui présente les mésaventures amoureuses d'un gentilhomme espagnol, originaire de Grenade, Don Pèdre.

Là le Grenadin lui conta ses aventures de Grenade, de Séville et de Madrid, et celles aussi d'Italie, qui ne sont pas venues à ma connaissance. La Duchesse les écouta très avidement, et il lui dit même qu'il avait enfin résolu de se marier, s'il trouvait une femme assez idiote pour ne lui faire point craindre tous les mauvais tours que les femmes spirituelles peuvent faire à leurs maris.

– J'ai du bien, continua-t-il, plus que médiocrement et, quand la femme que j'épouserai n'en aurait point, pourvu qu'elle ait été bien élevée et qu'elle ne soit pas laide, je n'hésiterai point à l'épouser, quoi qu'à vous dire la vérité, j'en aimasse encore mieux une laide qui fût fort sotte qu'une belle qui ne le fût pas.

– Je vous vois dans une grande erreur, lui dit alors la Duchesse, et qu'entendez-vous par bien élevée ? ajouta-t-elle.

– J'entends honnête femme, répondit le Grenadin.

– Et comment une sotte sera-t-elle honnête femme, repartit la belle Dame, si elle ne sait pas ce que c'est que l'honnêteté et n'est pas même capable de l'apprendre ? Comment une sotte vous pourra-t-elle aimer, n'étant pas capable de vous connaître ? Elle manquera à son devoir sans savoir ce qu'elle fait, au lieu qu'une femme d'esprit, quand même elle se défierait de sa vertu, saura éviter les occasions où elle sera en danger de la perdre.

Ils contesteront encore longtemps sur le même sujet, le Grenadin soutenant qu'une femme ne doit savoir qu'aimer son mari, lui être fidèle et avoir grand soin de son ménage et de ses enfants, et la Duchesse lui voulant persuader qu'une sotte n'en était pas capable et, quand même elle serait belle, qu'elle pourrait enfin déplaire.

1. De quelle scène de *L'École des femmes* pouvez-vous rapprocher cet extrait de *La Précaution inutile* ? Pourquoi ?
2. Quelles expressions retrouve-t-on, presque mot pour mot, chez Molière et chez Scarron ? À quels vers de la comédie les retrouve-t-on ?
3. Comment pourriez-vous qualifier les emprunts de Molière : s'agit-il d'une parodie ? d'un plagiat ? d'une transposition ? Justifiez votre réponse.

Beaumarchais, *Le Barbier de Séville ou La Précaution inutile*

L'École des femmes aurait très bien pu recevoir comme sous-titre « La Précaution inutile ». Beaumarchais y a pensé pour sa comédie, *Le Barbier de Séville*, œuvre qui n'est pas sans rappeler celle de Molière.

En effet, Bartholo, médecin « brutal, avare, amoureux et jaloux », est sur le point d'épouser sa pupille, Rosine. Mais le comte Almaviva vient troubler ses projets, car il est bien décidé à lui ravir la jeune fille, secondé par Figaro, son ancien domestique...

Scène 3

La jalousie du premier étage s'ouvre, et Bartholo et Rosine se mettent à la fenêtre.

ROSINE. – Comme le grand air fait plaisir à respirer !... Cette jalousie s'ouvre si rarement...

BARTHOLO. – Quel papier tenez-vous là ?

ROSINE. – Ce sont des couplets de *La Précaution inutile*, que mon maître à chanter m'a donnés hier.

BARTHOLO. – Qu'est-ce que *La Précaution inutile* ?

ROSINE. – C'est une comédie nouvelle.

BARTHOLO. – Quelque drame encore ! quelque sottise d'un nouveau genre !

ROSINE. – Je n'en sais rien.

BARTHOLO. – Euh, euh, les journaux et l'autorité nous en feront raison. Siècle barbare !...

ROSINE. – Vous injuriez toujours notre pauvre siècle.

BARTHOLO. – Pardon de la liberté ! Qu'a-t-il produit pour qu'on le loue ? Sottises de toute espèce : la liberté de penser, l'attraction, l'électricité, le tolérantisme, l'inoculation, le quinquina, l'Encyclopédie, et les drames...

ROSINE *(Le papier lui échappe et tombe dans la rue.)*. – Ah ! ma chanson ! ma chanson est tombée en vous écoutant ; courez, courez donc, monsieur ! ma chanson, elle sera perdue.

BARTHOLO. – Que diable aussi, l'on tient ce qu'on tient. (Il quitte le balcon.)

ROSINE, *regarde en dedans et fait signe dans la rue.* – St, st ! *(Le comte paraît.)* Ramassez vite et sauvez-vous. *(Le comte ne fait qu'un saut, ramasse le papier et rentre.)*

BARTHOLO *sort de la maison et cherche.* – Où donc est-il ? Je ne vois rien.

ROSINE. – Sous le balcon, au pied du mur.

BARTHOLO. – Vous me donnez là une jolie commission ! Il est donc passé quelqu'un ?

ROSINE. – Je n'ai vu personne.

BARTHOLO, *à lui-même.* – Et moi qui ai la bonté de chercher !... Bartholo, vous n'êtes qu'un sot, mon ami : ceci doit vous apprendre à ne jamais ouvrir de jalousies sur la rue. *(Il rentre.)*

ROSINE, *toujours au balcon.* – Mon excuse est dans mon malheur : seule, enfermée, en butte à la persécution d'un homme odieux, est-ce un crime de tenter à sortir d'esclavage ?

BARTHOLO, *paraissant au balcon.* – Rentrez, signora, c'est ma faute si vous avez perdu votre chanson ; mais ce malheur ne vous arrivera plus, je vous jure. *(Il ferme la jalousie à la clef.)*

Scène 4

LE COMTE, FIGARO

Ils entrent avec précaution.

LE COMTE. – À présent qu'ils sont retirés, examinons cette chanson dans laquelle un mystère est sûrement renfermé. C'est un billet !

FIGARO. – Il demandait ce que c'est que *La Précaution inutile* !

LE COMTE *lit vivement.* – « Votre empressement excite ma curiosité : sitôt que mon tuteur sera sorti, chantez indifféremment, sur l'air connu de ces couplets, quelque chose qui m'apprenne enfin le nom, l'état et les intentions de celui qui paraît s'attacher si obstinément à l'infortunée Rosine.

FIGARO, *contrefaisant la voix de Rosine.* – Ma chanson, ma chanson est tombée ; courez, courez donc. *(Il rit.)* Ah, ah, ah ! Oh ! ces femmes ! voulez-vous donner de l'adresse à la plus ingénue ? enfermez-la.

[...]

1. Quel épisode de *L'École des femmes* ce passage évoque-t-il pour vous ? Quels éléments Beaumarchais a-t-il exploités de la pièce de Molière ? Quels sont ses principaux ajouts ?
2. Selon vous, le comportement de Rosine peut-il être assimilé à celui d'Agnès ? Sur quels points se ressemblent-elles ? Sur lesquels diffèrent-elles ?
3. De quelle manière Beaumarchais exploite-t-il le sous-titre de sa comédie ? Quelle tonalité donne-t-il ainsi à sa pièce ?

D'une école à l'autre

Molière, *L'École des maris*

L'École des maris, comédie en trois actes, précède *L'École des femmes*. Le passage suivant est situé au tout début de l'œuvre et oppose Sganarelle à son frère, Ariste, et à Léonor, sa pupille, à propos de son comportement à l'égard d'Isabelle, jeune femme dont Sganarelle a la charge et qu'il est censé épouser d'ici peu.

ARISTE

Eh ! laissez-les, mon frère, aller se divertir.

SGANARELLE

Je suis votre valet, mon frère.

ARISTE

La jeunesse

Veut…

SGANARELLE

La jeunesse est sotte, et parfois la vieillesse.

ARISTE

Croyez-vous qu'elle est mal d'être avec Léonor ?

SGANARELLE

Non pas ; mais avec moi je la crois mieux encor.

ARISTE

Mais…

SGANARELLE

Mais ses actions de moi doivent dépendre,
Et je sais l'intérêt enfin que j'y dois prendre.

ARISTE

A celles de sa sœur ai-je un moindre intérêt ?

SGANARELLE

Mon Dieu, chacun raisonne et fait comme il lui plaît.
Elles sont sans parents, et notre ami leur père
Nous commit leur conduite à son heure dernière,

Et nous chargeant tous deux ou de les épouser,
Ou, sur notre refus, un jour d'en disposer,
Sur elles, par contrat, nous sut, dès leur enfance,
Et de père et d'époux donner pleine puissance.
D'élever celle-là vous prîtes le souci,
Et moi, je me chargeai du soin de celle-ci ;
Selon vos volontés vous gouvernez la vôtre
Laissez-moi, je vous prie, à mon gré régir l'autre.

ARISTE

Il me semble...

SGANARELLE

Il me semble, et je le dis tout haut,
Que sur un tel sujet c'est parler comme il faut.
Vous souffrez que la vôtre aille leste et pimpante
Je le veux bien ; qu'elle ait et laquais et suivante
J'y consens ; qu'elle coure, aime l'oisiveté,
Et soit des damoiseaux fleurée en liberté :
J'en suis fort satisfait. Mais j'entends que la mienne
Vive à ma fantaisie, et non pas à la sienne ;
Que d'une serge honnête elle ait son vêtement,
Et ne porte le noir qu'aux bons jours seulement,
Qu'enfermée au logis, en personne bien sage,
Elle s'applique toute aux choses du ménage,
A recoudre mon linge aux heures de loisir,
Ou bien à tricoter quelques bas par plaisir ;
Qu'aux discours des muguets elle ferme l'oreille,
Et ne sorte jamais sans avoir qui la veille.
Enfin la chair est faible, et j'entends tous les bruits.
Je ne veux point porter de cornes, si je puis ;
Et comme à m'épouser sa fortune l'appelle,
Je prétends corps pour corps pouvoir répondre d'elle.

ISABELLE

Vous n'avez pas sujet, que je crois...

SGANARELLE

Taisez-vous.

Je vous apprendrai bien s'il faut sortir sans nous.

Molière, *L'École des maris*, I, 1, vers 90-130, 1661.

1. De quelle scène de *L'École des femmes* rapprocheriez-vous ce passage de *L'École des maris* ? Pourquoi ? Quelles différences fondamentales existe-t-il entre ces deux scènes ?
2. Quels sont les principes de Sganarelle en ce qui concerne les femmes et le mariage ? À quel modèle s'oppose-t-il ?
3. Quels éléments rapprochent Sganarelle d'Arnolphe ? Qu'est-ce qui l'en éloigne ?

On n'est jamais mieux servi que par soi-même

Molière, *La Critique de L'École des femmes* (scène 6)

Pour répondre aux attaques qui lui ont été faites, Molière écrit *La Critique de L'École des femmes*, pièce en un acte où il oppose deux clans : ses sympathisants et ses adversaires. L'action se déroule chez Uranie, qui reçoit sa cousine Élise, le chevalier Dorante, un marquis et une précieuse, Climène. Leur conversation tombe sur *L'École des femmes*...

DORANTE. – Premièrement, il n'est pas vrai de dire que toute la pièce n'est qu'en récits. On y voit beaucoup d'actions qui se passent sur la scène, et les récits eux-mêmes y sont des actions, suivant la constitution du sujet ; d'autant qu'ils sont tous faits innocemment, ces récits, à la personne intéressée qui par là entre, à tous coups, dans une confusion à réjouir les spectateurs, et prend, à chaque nouvelle, toutes les mesures qu'il peut pour se parer du malheur qu'il craint.

URANIE. – Pour moi, je trouve que la beauté du sujet de *L'École des femmes* consiste dans cette confidence perpétuelle ; et ce qui me paraît assez plaisant, c'est qu'un homme qui a de l'esprit, et qui est averti de tout par une innocente qui est sa maîtresse, et par un étourdi qui est son rival, ne puisse avec cela éviter ce qui lui arrive.

LE MARQUIS. – Bagatelle, bagatelle.

CLIMÈNE. – Faible réponse.

ÉLISE. – Mauvaises raisons.

DORANTE. – Pour ce qui est des enfants par l'oreille, ils ne sont plaisants que par réflexion à Arnolphe ; et l'auteur n'a pas mis cela pour être de soi un bon mot, mais seulement pour une chose qui caractérise l'homme et peint d'autant mieux son extravagance, puisqu'il rapporte une sottise triviale qu'a dite Agnès comme la chose la plus belle du monde, et qui lui donne une joie inconcevable.

LE MARQUIS. – C'est mal répondre.

CLIMÈNE. – Cela ne satisfait point.

ÉLISE. – C'est ne rien dire.

DORANTE. – Quant à l'argent qu'il donne librement, outre que la lettre de son meilleur ami lui est une caution suffisante, il n'est pas incompatible qu'une personne soit ridicule en de certaines choses et honnête homme en d'autres. Et pour la scène d'Alain et de Georgette dans le logis, que quelques-uns ont trouvée longue et froide, il est certain qu'elle n'est pas sans raison ; et, de même qu'Arnolphe se trouve attrapé, pendant son voyage, par la pure innocence de sa maîtresse, il demeure, au retour, longtemps à sa porte par l'innocence de ses valets, afin qu'il soit partout puni par les choses qu'il a cru faire la sûreté de ses précautions.

LE MARQUIS. – Voilà des raisons qui ne valent rien.

CLIMÈNE. – Tout cela ne fait que blanchir.

ÉLISE. – Cela fait pitié.

DORANTE. – Pour le discours moral que vous appelez un sermon, il est certain que de vrais dévots qui l'ont ouï n'ont pas trouvé qu'il choquât ce que vous dites ; et sans doute que ces paroles d'enfer et de chaudières bouillantes sont assez justifiées par l'extravagance d'Arnolphe et par l'innocence de celle à qui il parle. Et quant au transport amoureux du cinquième acte, qu'on accuse d'être trop outré et trop comique, je voudrais bien savoir si ce n'est pas faire la satire des amants, et si les honnêtes gens même et les plus sérieux, en de pareilles occasions, ne font pas des choses... ?

1. Dans ce passage, déterminez les personnages qui sont en faveur de Molière et ceux qui s'opposent à lui. Grâce à quels indices parvenez-vous à cette répartition ?

2. D'après les propos de Dorante :
- retrouvez les critiques adressées à la pièce de Molière
- indiquez les vers ou les scènes qui sont plus particulièrement visés
- relevez les réponses que Dorante apporte à ces critiques.

3. Qui domine ? Sur quels indices vous fondez-vous ?

Graine d'auteur

Et si vous remplaciez Molière ? Entraînez-vous grâce aux sujets suivants :

1. Seul en coulisse, Arnolphe ressasse son malheur. Envisagez ses réflexions sous forme de monologue.
2. Le mariage doit être célébré par le Notaire, mais voilà que Georgette et Alain continuent d'appliquer les ordres d'Arnolphe et refusent de le faire entrer. Envisagez leur dialogue.
3. En tenant compte des aspirations d'Agnès, élaborez de nouvelles maximes du mariage sous la forme de dix courts textes en prose.
4. Agnès et Arnolphe se rencontrent quelques années plus tard. Rédigez leur entrevue sous la forme de dialogue, en tenant compte de ce que vous savez sur les personnages.
5. Arnolphe est jugé. Réalisez soit le discours de la défense, soit celui de l'accusation.

Notes et citations

Notes et citations

Notes et citations

Notes et citations

Notes et citations

Notes et citations

Notes et citations

Les classiques et les contemporains dans la même collection

LES MILLE ET UNE NUITS
Ali Baba et les quarante voleurs (2048)
Le Pêcheur et le Génie. Histoire de Ganem (2009)
Sindbad le marin (2008)

MOLIÈRE
L'Avare (2012)
Le Bourgeois gentilhomme (133)
L'École des femmes (2143)
Les Femmes savantes (2029)
Les Fourberies de Scapin (10)
George Dandin (60)
Le Malade imaginaire (2017)
Le Médecin malgré lui (2089)
Le Médecin volant. La Jalousie du Barbouillé (242)
Les Précieuses ridicules (2061)

MONTESQUIEU
Lettres persanes (95)

MUSSET
Il faut qu'une porte soit ouverte ou fermée. Un caprice (2149)
On ne badine pas avec l'amour (2100)

OVIDE
Les Métamorphoses (92)

PASCAL
Pensées (2224)

PERRAULT
Contes (2065)

PIRANDELLO
Donna Mimma et autres nouvelles (240)
Six Personnages en quête d'auteur (2181)

POE
Le Chat noir et autres contes fantastiques (2069)
Double Assassinat dans la rue Morgue. La Lettre volée (45)

POUCHKINE
La Dame de pique et autres nouvelles (19)

PRÉVOST
Manon Lescaut (309)

PROUST
Combray (117)

RABELAIS
Gargantua (2006)
Pantagruel (2052)

RÉCITS DE VOYAGE
Le Nouveau Monde (77)
Les Merveilles de l'Orient (2081)

RENARD
Poil de Carotte (2146)

ROBERT DE BORON
Merlin (80)

ROMAINS
L'Enfant de bonne volonté (2107)

LE ROMAN DE RENART (2014)

ROSNY AÎNÉ
La Mort de la terre (2063)

ROSTAND
Cyrano de Bergerac (112)

ROUSSEAU
Les Confessions (238)

SAND
Les Ailes de courage (62)
Le Géant Yéous (2042)

SAUMONT (ANNIE)
Aldo, mon ami et autres nouvelles (2141)
La guerre est déclarée et autres nouvelles (223)

SÉVIGNÉ (MME DE)
Lettres (2166)

SHAKESPEARE
Macbeth (215)
Roméo et Juliette (118)

SHELLEY (MARY)
Frankenstein (128)

STENDHAL
Vanina Vanini. Le Coffre et le Revenant (44)

STEVENSON
Le Cas étrange du Dr Jekyll et de M. Hyde (2084)
L'Île au trésor (91)

STOKER
Dracula (188)

SWIFT
Voyage à Lilliput (2179)

TCHÉKHOV
La Mouette (237)
Une demande en mariage et autres pièces en un acte (108)

TITE-LIVE
La Fondation de Rome (2093)

TOURGUÉNIEV
Premier Amour (2020)

TROYAT (HENRI)
Aliocha (2013)

Les anthologies dans la même collection

Création maquette intérieure :
Sarbacane Design.

Composition : IGS-CP.

GF Flammarion

07/07/131043-VII-2007 – Impr. MAURY Imprimeur, 45330 Malesherbes.
N° d'édition LO1EHRN000162N001. – Septembre 2007. – Printed in France.